IMATGES DE CATALUNYA I ILLES BALEARS

Editat per
© CEDAG, S. A.
Las Planes, 4. Sant Joan Despí (Barcelona)
Primera edició: Octubre 1979

Diseny i muntatge: J. Barreda i A. Vidal
Fotògrafs: A. Fortuny, X. Ferrer, O. Maspons,
Miserachs, R. Pouplana, Solé Guillaume, AGE i Zardoya.
Mapes: Telstar = Estudis i realitzacions cartogràfiques
Reproduccions: Artís, S.A.
Impressió: CEDAG, S.A.
Text: Josep M.ª Espinàs
Pròleg: Salvador Espriu
D. L. B.-25.470/79
ISBN-84-85258-52-5

IMATGES DE CATALUNYA I ILLES BALEARS

Josep M. Espinàs

Pròleg: Salvador Espriu

Pròleg

En els cinquanta anys llargs que em dedico a escriure, en realitat a aprendre més o menys d'escriure, he hagut de presentar, per diversos motius, sobretot per amistat, alguns llibres, potser més dels que calia. Ho he fet sempre tan bé com he sabut, però sempre amb l'íntim convenciment que els pròlegs no serveixen per res.

En aquest que enceto, fins tinc por que es qualifiqui la inutilitat de deshonesta: tant és evident que aquest llibre no necessita de l'entrebanc de la presentació. Sense haver-lo tractat a penes, sento pel seu autor un respecte i una estima totals, basats en la seva intel·ligència, en la seva bondat, en la seva informació amplíssima, en la seva seriositat. En aquesta terra nostra, on abunden tant els primaris, els arrauxats, els envejosos, els ressentits, els mesquins, els falsos romàntics, els gratuïts males baves grafòmans i els poca-soltes, Espinàs és un home generós i equànime, ponderat, de veritable seny, que diu les coses amb senzillesa, amb claredat, amb precisió i amb concisió. Em torno vermell per aquestes paraules de cenyit elogi, vermell de timidesa i per la consciència del risc de caure en l'enuig d'Espinàs. A ell no l'hi plaurà, n'estic segur. Callaré, doncs, amb el prec que vulgui perdonar el meu impuls de formular-lo, en absolut autèntic, en absolut desinteressat i sincer. Potser ferirà el seu pudor, i aleshores, de retruc, el meu.

En vuit breus capítols, Espinàs dóna un completíssim resum del que és la terra del Principat Català, que ha recorregut i coneix com molt pocs entre nosaltres. Tot ha estat vist amb uns ulls penetrants i lúcids, tot ha estat dit amb els mots justos: no en sobra ni en falta cap. Sense triomfalismes, però també sense derrotismes, Espinàs dóna una suficient idea del seu país, que estima fins a poder-lo subjectivar sense adjectius ni períodes de lluïment, però amb un estil d'una sòbria i segura bellesa. No s'entreté mai en descripcions moroses, una temptació que endevinem que ha de vèncer a cada pas, però tampoc no s'oblida mai de cap detall ni de cap indicació imprescindible o saborosa. A penes parla amb primera persona, a penes diu «jo», però no defuig quan cal, del seu judici, ni una al·lusió a una experiència pròpia. Així, per exemple, quan al primer capítol, dedicat al vast Pirineu Occidental, tracta del Pallars Sobirà, afirma que «és una comarca molt ben delimitada, però inclou una sèrie de subcomarques o de valls d'una gran diversitat, i això és, al meu entendre, un dels atractius més poderosos d'aquest Pallars».

Espinàs s'ha proposat que tot el llibre guardi un no gens fàcil equilibri, que no romp en cap ocasió en benefici o en detriment de cap dels seus densos i alhora planers capítols. En una ràpida passejada ens informa del nostre país, d'una diversitat tan enorme dintre la seva petitesa, tal com és, sovint conseqüència directa de com ha estat. Des de la Vall d'Aran, «occitana, que forma part de la conca atlàntica», on no parlen català sinó el privatiu aranès, un dialecte gascó, fins al Delta de l'Ebre, tots els diversíssims camins són seguits amb el mateix ritme, amb la mateixa impertorbable serenor. Des de les «artigues» o valls araneses fins als problemes de l'esmentat delta, on « hi ha el perill que el mar recuperi terreny i l'aigua salada perjudiqui al conreu de les terres..., on es troben espècies —ànecs de tot l'any, ocells que hi fan estada en les seves migracions— que cal que siguin preservades», el lector s'assabentarà, en un mínim de temps i amb un màxim d'amenitat, aparentment senzilla, aconseguida sense esforç, però que en realitat és el triomf d'un llarg i sòlid ofici, de primer de les comarques del Pirineu Occidental. Després de la Vall d'Aran, l'Alta Ribagorça (la meitat de la qual pertany administrativament a l'Aragó); l'Éssera superior, amb el pic d'Aneto (3.404 metres), «històricament catalana, encara que avui pertany a la província d'Osca»; el Pallars Sobirà, amb la capital a Sort. A aquesta comarca, l'ós potser ha desaparegut, però encara es pot aconseguir de tard en tard la irreal visió d'un ramat d'isards en una carena.

Al Pallars Jussà, la Pobla de Segur i la Conca de Tremp. Per anar a l'antiga vila de Pont de Suert, cal travessar el dur i fronterer coll de la Creu de Perves. Ja a l'Alta Ribagorça, i més amunt de Pont de Suert, la mencionada capital comarcana, Erill-la-Vall, Boí i Taüll, la «plana major» de l'arquitectura romànica catalana. Les esglésies de Taüll, les cabdals de Santa Maria i de Sant Climent, aquesta l'exemplar més complet d'església pirinenca de planta basilical. A l'Alt Urgell, la catedral de la Seu d'Urgell, del s. XII, «obra monumental i extraordinària des de tots els punts de vista». Però no voldríem donar una idea errònia del que és el llibre, que no sols informa sobre arquitectura i obres d'art, sinó sobre tota mena de característiques geogràfiques i econòmiques de les fins ara anomenades comarques del Pirineu Occidental, i després, de seguida, en una sàvia ordenació sense pausa, de les comarques de la regió del Pirineu Oriental. En primer lloc la Cerdanya, repartida entre els estats francès i espanyol, però amb una unitat comarcal evident. Cap frontera natural no separa la gent de Font Romeu, de Sallagosa o d'Osseja, de la de Puigcerdà o d'Alp. Però, de la banda d'ençà, encara hi ha una altra frontera arbitrària, «la que diu que a partir d'Isòvol ja no som a «Girona» sinó a «Lleida». En canvi, de la part de ponent de la comarca «la gent del pais en diu, ben justament, la petita Cerdanya, presidida per la vila de Bellver».

El Ripollès, en el punt de confluència del Ter i del Fresser. Cruïlla de camins. La vall de Ribes. En una pàgina a part, Espinàs parla de Ripoll, bressol de Catalunya. Però no s'ha oblidat de Sant Joan de les Abadesses, ni de Núria, ni de Camprodon, un dels primers llocs d'estiueig dels «senyors de Barcelona», ni de Setcases, al peu del pic de l'Infern i del puig del Gegant. Trencant cap a Molló pel coll d'Ares, es passa la frontera amb França.

Fargues del Ripollès, ben actives fins el segle XVIII. «Famoses pistoles de Ripoll, que avui paguen molt bé els col·leccionistes».

L'altra comarca estudiada en aquest segon capítol del llibre és la Garrotxa. L'alta Garrotxa pirinenca, aspra i trencada. Impressionant cim de la Mare de Déu del Mont, valls abruptes. Besalú, vella capital del comtat, amb temples, col·legiates i edificis nobles. En canvi, en temps més moderns creix Olot, en un paisatge ordenat i pacífic, tan reproduït en les pintures de l'escola olotina. És un paisatge, però, volcànic, amb uns quaranta volcans, des de reculats temps geològics apagats. El basalt volcànic és el suport de l'espectacular poble de Castellfollit de la Roca, avui en perill de destrucció. Almenys l'autor ho tem així, encara que el senyor Pla, en el seu darrer llibre «Notes del Capvesprol», *veu aquest poble, si més no en el present, d'una manera molt més optimista.*

Espinàs s'ocupa, en el tercer dels seus capítols, de la regió de Girona. Hi visitem l'Alt Empordà, amb Figueres, oberta i liberal. La plana empordanesa, fecunda per obra dels alluvions dels rius Fluvià i la Muga, molt treballada per l'home des de la romanització del país, escombrada sovint per la tramuntana. Com a contrapunt mineral i esquerp de la terra llaurada, el cap de Creus, extrema punta final i molt dramàtica del Pirineu en morir —o capbussar-se— en el mar. Sota mateix, Cadaqués, salvada de la destrucció del turisme, i prop —avui tot a tocar— les colossals ruïnes del monestir de Sant Pere de Roda i, una mica terra endins, Castelló d'Empúries, a l'Edat Mitjana capital de l'important i durador comtat d'aquest nom, amb la seva meravellosa catedral. Passats els caps Norfeu i Falcó, comença de seguida el golf de Roses, en la part sud del qual hi ha les prestigiosíssimes ruïnes gregues d'Empúries i l'Escala, el poble de pescadors experimentats i de Caterina Albert.

Al Baix Empordà, la Bisbal, dintingida, amb una important tradició de ceràmica o terrissa, molt viva, i Torroella, al Montgrí, pàtria del gran savi arqueòleg Lluís Pericot. Palamós, el Palafrugell de Josep Pla, Sant Feliu de Guíxols. Però també Peratallada i Pals, «amb el seu món gòtic». I les Gavarres, solitàries i magnífiques, sempre a punt de cremar.

El Gironès. Des del punt de vista geogràfic, la comarca no és gens clara. Però hi ha l'antiga i poderosa Girona, d'una influència que ha arribat des de sempre molt lluny. Tradicional i eclesiàstica, avui plena de vitalitat i de moderna empenta, Girona actua com a capital supracomarcal.

Girona és una ciutat per la qual cal passejar: plaça de l'Oli, Ballesteries, Ferreries Velles. «No us limiteu a admirar la catedral», aconsella Espinàs. «Girona demana una mica de temps i una mica de ganes de perdre's.»

A la regió més o menys inventada, Banyoles, famosa pel seu estany, ciutat molt activa, encara hi afegeix l'autor Caçà de la Selva i Llagostera.

La Selva. «A la Selva hi ha muntanya, hi ha pla i fins i tot una mica de mar.» Les «teules» o «barrets de capellà» de Santa Coloma de Farners. El Blanes del gironí Ruyra i Lloret i Tossa, totes tres viles de mides i d'ambient esbotzats pel turisme. L'extraordinària personalitat de l'alzina surera. La Costa Brava, d'una espatllada bellesa única.

Espinàs ens invita, en el capítol següent, a seguir-lo per les sis comarques de la Catalunya Central. La primera és el Bages, amb l'enigmàtica ciutat de Manresa, centre de comunicacions, ciutat amb una magnífica seu. El Llobregat i el Cardener, línies de poblament, de comerç i d'industrialització. Bages, comarca minera: sals potàsiques de Cardona, que proporcionen el quinze per cent del volum que utilitza la indústria a l'Europa Occidental, que expliquen la grandesa del castell de Cardona, alçat pels rics i potents senyors feudals propietaris de les salines, de primer barons o vescomtes, després comtes, des de l'Emperador ducs de Cardona, per generacions i generacions, primera família nobiliària de Catalunya, no provinent de soca reial. Al Bages cal veure el monestir de Sant Benet, al qual s'afegeix el propi nom de Bages.

El Berguedà és la continuació cap al nord del Bages. Allí es troba l'alta conca del Lobregat. Una tradicional indústria de teixits, mines de lignit a Fígols. «L'Alt Berguedà, presidit per la mola del Cadí, ha estat l'escenari on s'han representat algunes escenes decisives de la història de Catalunya», de les quals queden, com a testimonis, mig enrunats, castells i ermites. A la part inferior de la comarca, la plana de Berga, força industrialitzada a Cercs, Gironella, Puig-reig, i la mateixa Berga, on fa prop de dos cents anys que es construí la famosa màquina de filar anomenada «Berguedana».

Osona, bàsicament la plana de Vic, ciutat amb una sòlida tradició eclesiàstica, pastissera i cultural. La seu conserva el campanar i el claustre romànics. El museu episcopal és molt valuós, i es passeja molt bé per la plaça major de Vic, àmplia i porxada. A Osona hi ha les importants poblacions de Manlleu, Roda de Ter, Centelles, Torelló. Centres d'estiueig, com l'Esquirol, Tavertet, Rupit, al nord, i al sud, la zona del Montseny, amb Viladrau i el pic de Matagalls.

Anoia, capital Igualada, on morí als trenta-cinc anys Ferran I d'Antequera, polític dur, molt notable. Indústries del paper i de les pells, a Capellades, Carme, la Pobla de Claramunt, la Torre de Claramunt i Igualada. Aquesta proporciona el setenta per cent de les pells adobades de tot l'Estat espanyol.

El Solsonès, on domina el bosc, majestuós, esplèndid. Hi ha la petita ciutat episcopal de Solsona, civilitzada i pulcra, amb una catedral on rep culte la preciosa imatge de la Mare de Déu del Claustre, i amb un museu diocesà, ric i molt ben orientat, i un arxiu de la mitra.

I la Segarra, «el graner de Catalunya, diuen». Terra de cereals i de castells extraordinaris. També hi trobem la molt antiga Gissona, niu d'arqueòlegs preparats i entusiastes.

Espinàs clou el capítol amb la pàgina dedicada a la «Patum» de Berga i la dedicada al Montseny, «lliçó viva de Botànica».

Segueix el de la regió de Barcelona, amb les seves comarques. Se subratlla la densitat humana de Barcelona, «només superada per Calcuta». Barcelona, «al capdavall d'un embut que al llarg de la història ha projectat cada vegada més energia». S'insisteix en la concentració humana de la gran ciutat. No s'oblida l'existència dels seus dos museus excepcionals: el Museu d'Art de Catalunya, el més ric del món en pintura mural romànica, i el Museu Picasso, «que acull la col·lecció més completa que avui es pot veure d'aquest artista». El pes de la capital de Catalunya arriba d'alguna manera, a tot el país. Sobretot a les comarques del Maresme, amb l'existència, ja quasi esborrada, de la distinció i separació entre els pobles «de dalt» amb els «de mar». Al doble Vallès i al Baix Llobregat, abans la fertilíssima horta de Barcelona, aviat potser només la recança d'un record. Del Vallès Occidental es tenen en compte el monestir de Sant Cugat i les amagades «bellíssimes esglésies visigòtiques» de Terrassa. El Vallès oriental és agrícola, però cada vegada menys. «Es el Vallès dels quadres a l'oli, amb una mica de tot: un bosquet, uns camps, un paller, un rierol». L'autor dedica a Montserrat una pàgina modèlica i passa després del Penedès al Priorat, tot ressaltant el Garraf, que «veu amb molta independència, potser perquè no és fàcil d'entrar-hi». El Garraf, Vallcarca, Sitges, Vilanova i la

Geltrú, Sant Pere de Ribes i El Penedès. L'itinerari del Penedès al Priorat, passant per Tarragona i el seu camp, té una mena de fil conductor: el vi. «Museu del vi de Vilafranca, amb palaus, esglésies i monuments notables i amb l'anomenada «festa major més típica de Catalunya».

Alt Penedès de Vilafranca, Baix Penedès del Vendrell de Pau Casals, amb la confluència del turisme i l'ona d'estiueig en ple progrés. Es parla a continuació de Tarragona (tot un món d'una enorme vivacitat moderna, que sap compaginar amb la conservació de molts monuments i records romans i medievals, d'una importància única) i el seu Camp: Baix Camp, capital Reus, comercial, «veritable punt d'atracció d'una sèrie de terres que es troben, sobretot cap a ponent, molt més enllà de la seva comarca».

La Conca de Barberà, amb Montblanc, «la vila de més nobilitat de Catalunya, enlairada per prínceps i reis». Moltes coses que val la pena de veure, «i jo diria» —afirma amb fina sensibilitat Espinàs— «que fins i tot cal viure-les, perquè a més de les pedres nobles hi ha l'ambient dels carrers». Afegeix, amb el to característic del petit gran llibre: «L'ametlla de la comarca ha donat una especialitat de pastisseria: els "montblanquins" o "merlets".»

A la mateixa Conca de Barberà, l'Espluga de Francolí i la de fet segarrenca Santa Coloma de Queralt. Els incomparables monestirs de Poblet i Santes Creus, que Espinàs subratlla en una envejable pàgina a part.

Som ja al Priorat, l'antic domini de la cartoixa de Scala Dei, avui en runes. El Priorat, «al capdavall de l'itinerari del vi», tocant a la regió de l'Ebre. Una comarca, el Priorat, en davallada. La seva capital és Falset.

Espinàs ens porta a continuació a la regió de Lleida, a les comarques del Segrià, l'Urgell, les Garrigues i la Noguera, les comarques de la Catalunya continental, ja no en un món mediterrani sinó «interior», amb hiverns molt freds i estius terriblement calorosos. Espinàs parla d'aquestes comarques amb la mateixa comprimida competència i essencial simpatia que brillen en tota la seva obra. Agramunt, Verdú, amb els seus càntirs i la seva terrissa. Tàrrega, tan ignorada pels catalans, que en general no veuen més que la seva façana des de la carretera. Balaguer, antiga capital del comtat d'Urgell, on va néixer Pere III, on es va estúpidament tancar amb la seva família, i on el varen assetjar i atrapar, com un catxap, aquella política desgràcia de Jaume el Dissortat. Balaguer, amb la meravella de la plaça del Mercadal. Al nord de la ciutat, de seguida la muntanya, majestuosa, solitària. Vall d'Àger, als nostres peus, i al davant s'alça la paret del Montsec, que només «ens oferirà l'estret pas de Terradets si volem seguir cap al Pallars».

A les Garrigues, les Borges Blanques, capital de la comarca. I Juneda, Torregrossa, Arbeca, «que ha donat nom a les famoses olives arbequines». Les Garrigues: oli i festes majors. «Jo he visitat» —conta Espinàs— «aquests pobles el dia de festa major», i afegeix un seguit de consideracions, subtils, divertides.

Parla després, amb el seu habitual encant, del Segrià i de Lleida, l'altra capital de Catalunya, la de terra endins. Silueta de Lleida. Dalt del turó, «la Seu vella es dibuixa com un vaixell encallat en una onada de pedra». A Lleida hi ha molta vida i molts monuments notables —a més de l'excepcional seu vella—, entre els quals les restes del Castell del Rei o de la Suda i l'admirable Paeria, des de fa sis segles l'Ajuntament de la ciutat. I l'animació quasi perpètua del Carrer Major i el parc dels Camps Elisis.

L'últim capítol de l'obra que presentem és dedicat a la regió de l'Ebre. «Jo he seguit tot el curs de l'Ebre», ens conta Espinàs, «en ciclomotor, des de Fontibre al mar, i puc confirmar part del seu itinerari per Catalunya.» I seguirem amb ell les comarques de Ribera d'Ebre, la Terra Alta —pobra, amb un nom tan bonic—, tancada al sud per les serres de Pàndols, de Cavalls i els ports de Beseit, tràgic escenari de l'última guerra civil. És un territori feudal, amb les ombres dels Templers i dels Hospitalers i de la carlinada de Ramon Cabrera. Gandesa n'és la capital. Hi ha un sindicat de vi al Pinell de Brai, unit al record del gran artista barceloní Xavier Nogués. El vi de la comarca és de molts graus, i això l'agermana amb el Priorat. Una part de la Terra Alta pertany en alguns mapes a Aragó, punt discutible, perquè les poblacions d'aquesta suposada divisió, que fóra del tot arbitrària, s'inclouen, en autors de màxima solvència (per exemple Joan Coromines), en la comarca, també lingüísticament i històricament catalana, però administrativament aragonesa, del Matarranya.

El Baix Ebre, o la comarca de Tortosa, de terme municipal tan extens. La complexa i tan antiga Tortosa, romana, taifa i catalana, amb la fortalesa imponent de la Suda i la magnífica catedral. Terra de moderns pintors, entre els quals, i per damunt de tots, el rar i gran Gimeno. «Al camp encara he vist algunes velles sínies àrabs, de fusta», ens conta Espinàs, el qual ens duu després al Montsià, amb Ulldecona, la Sènia, Amposta, Sant Carles de la Ràpita, Cases d'Alcanar i diversos punts de la costa, on «molta gent s'atura per provar els llagostins i el marisc». Les del Montsià són les terres del gran escriptor —i gran persona— Sebastià Juan Arbó, que les ha vistes i les ha descrites, amb profunditat vigorosa i tràgica, millor que ningú.

«Hem arribat a la punta meridional del Principat de Catalunya», ens anuncia l'autor, el qual clou, però, el llibre i el ràpid, complet, suggestiu i meravellós viatge amb la descripció, ja esmentada ratlles amunt del present treball cadarnós, del delta de l'Ebre. A continuació segueix amb una descripció tan compendiosa com meditada sobre les Illes Balears, ressaltant tots els seus encants i les seves múltiples belleses.

Captivat per totes i cada una de les pàgines d'aquest llibre, m'he allargassat massa en la meva inútil comesa, resum coix i maldestre d'un resum magistral. Que l'autor i els lectors em perdonin, encara que confio que la major part dels darrers, si no tots, se l'hauran saltat, per no perdre gens de temps.

SALVADOR ESPRIU

INTRODUCCIÓ

No és el costum generalitzat de fer començar un llibre amb un pròleg allò que ens ha dut a dedicar aquesta pàgina a unes ratlles d'introducció. Creiem que, en aquest cas, una explicació prèvia resulta indispensable o almenys sentim la necessitat de fer saber al lector amb quins criteris hem triat el contingut i la forma d'aquest volum.

Catalunya i Balears és un tema tan ampli, amb tantes possibilitats de tractament, que la seva exposició planteja d'entrada diversos problemes, alguns dels quals són força complicats. Cal partir d'aquest principi: s'haurà de renunciar a una gran quantitat d'aspectes si es vol que el llibre sigui llegible. Posem dos exemples: només la descripció detallada de la Catedral de Mallorca o un informe sobre la indústria tèxtil del Vallès ocuparien ja un espai excessiu en relació amb el nombre de pàgines de què disposem. I temes com aquests n'hi ha moltes dotzenes...

Deliberadament, doncs, hem suprimit tota una sèrie de referències i de dades que poden trobar-se, d'una banda, en guies artístiques i turístiques, i d'altra en estudis monogràfics o especialitzats. Hem prescindit fins i tot de parlar proporcionalment de Barcelona, perquè ¿com resumir en unes quantes ratlles la complexitat del fenomen barceloní, la història, l'evolució urbanística, l'art, la gent, les antigues viles agregades, la cultura, el comerç, etc.? Hem volgut evitar que, amb el desig de recollir-ho tot, aquest llibre es convertís en una simple acumulació de fitxes, que en general resultarien indigeribles.

ESTAT FRANCÈS
PIRINEUS
ARAGÓ
Mar Mediterrània
LITORALS
VIELLA
Vall d'Arân
Massís de la Maladeta
Pic de la Maladeta 3308
Pic d'Aneto 3404
Besiberri 2951
Port de la Bonaigua 2070
Parc Nal. d'Aigüestortes
Montsen 2881
Pica d'Estats 3141
Coma Pedrosa 2942
Pic de Casamanya 2736
Port d'Envalira 2409
ANDORRA LA VELLA
Pic Negre 2761
Puig Pedrós 2911
PUIGCERDÀ
PRADA
Vinçà
Oleta
MONTLLUÍS
Puigmal 2913
Camprodón
Coll de les Falgueres 1550
Ribes de Freser
SERRA CAVALLERA
RIPOLL
Puigsacalm 1515
St. Pere de Torelló
Embassament de Sau
SORT
Llorri 2437
LA SEU D'URGELL
Cadí 2567
SERRA DEL CADÍ
EL PONT DE SUERT
Embassament d'Escales
SERRA DE SANT GERVÀS
la Pobla de Segur
Cap de Boumort 2070
Organyà
La Vansa Querol 2383
SERRA DEL BOUMORT
Embassament de Sant Antoni
Embassament d'Oliana
Embassament de El Grado
TREMP
BERGA
Gironella
Oliana
Embassament de Terradets
Coll de Comiols 1105
SERRA DEL MONTSEC
Montsec 1678
BENAVARRI
SOLSONA
Embassament de Sant Pons
VIC
Plana de Vic
Les Guilleries
Matagalls 1676
Puig Rodós 1057
Balenyà
SERRA DEL MONTSENY
Embassament de Camarassa
Ponts
Cardona
Salient
Camarasa
Embassament de Sant Llorenç
SERRA DE CASTELLTALLAT
TAMARIT DE LLITERA
Alfarràs
BALAGUER
Calaf
MANRESA
Pla de Bages
SERRA GRANERA
St. Feliu de Codines
La Llitera
La Mola 1101
Sant Llorenç de Munt
El Vallès
GRANOLLERS
Almacelles
DEPRESSIÓ CENTRAL
CERVERA DE SEGARRA
SERRA DE RUBIÓ
Montserrat 1236
IGUALADA
TERRASSA
SABADELL
Pla d'Urgell
TÀRREGA
LLEIDA
Mollerussa
Sta. Coloma de Queralt
Martorell
BADALONA
Tibidabo 512
BARCELONA
L'HOSPITALET DE LL.
FRAGA
LES BORGES BLANQUES
Embassament d'Utxesa
ST. FELIU DE LL.
el Prat de Ll.
Montagut 962
Seròs
Vimbodí
MONTBLANC
VILAFRANCA DEL PENEDÈS
Masís de Garraf
Morella 592
Gavà
Delta del Llobregat
Embassament de Mequinensa
VALLS
La Bisbal del Penedès
Mequinensa
la Granadella
SERRA DE LA LLENA
Muntanyes de Prades
Almatret
SERRA DEL MONTSANT
Alcover
EL VENDRELL
Embassament de Foix
VILANOVA I LA GELTRÚ
Costa de Garraf
Platja de Gavamar
Platja de Sitges
Embassament de Ribarroja d'Ebre
Cornudella de Montsant
El Priorat
SERRA DE MEQUINENSA
Embassament de Flix
Flix
Torredembarra
REUS
TARRAGONA
Costa Dorada
Platja de la Canonja
Fabara
de Matarranya
SERRA DE LA FATARELLA
SERRA DE PÀNDOLS
Embassament de Riudecanyes
FALSET
Mora la Nova
Cambrils
Cap de Salou
Batea
MORA D'EBRE
GANDESA
Embassament de Guiamets
SERRA DEL MONTALT
Cubeta de Móra
Platja dels Panyals
Cala Figuera
Cala Jostell
L'Ametlla de Mar
Golf de Sant Jordi
VALL-DE-ROURES
Embassament de la Pena
TORTOSA
Cap de Tortosa
Delta de l'Ebre
Port de Beseit
AMPOSTA
DELTA DE L'EBRE
Godall
St. Carles de la Ràpita
La Tancada
Port dels Alfacs
la Sénia
SERRA DEL MONTSIÀ
Alcanar
MORELLA
Punta de la Banya
Escala: 1:1.000.000
0 10 20 30 40 50 Km

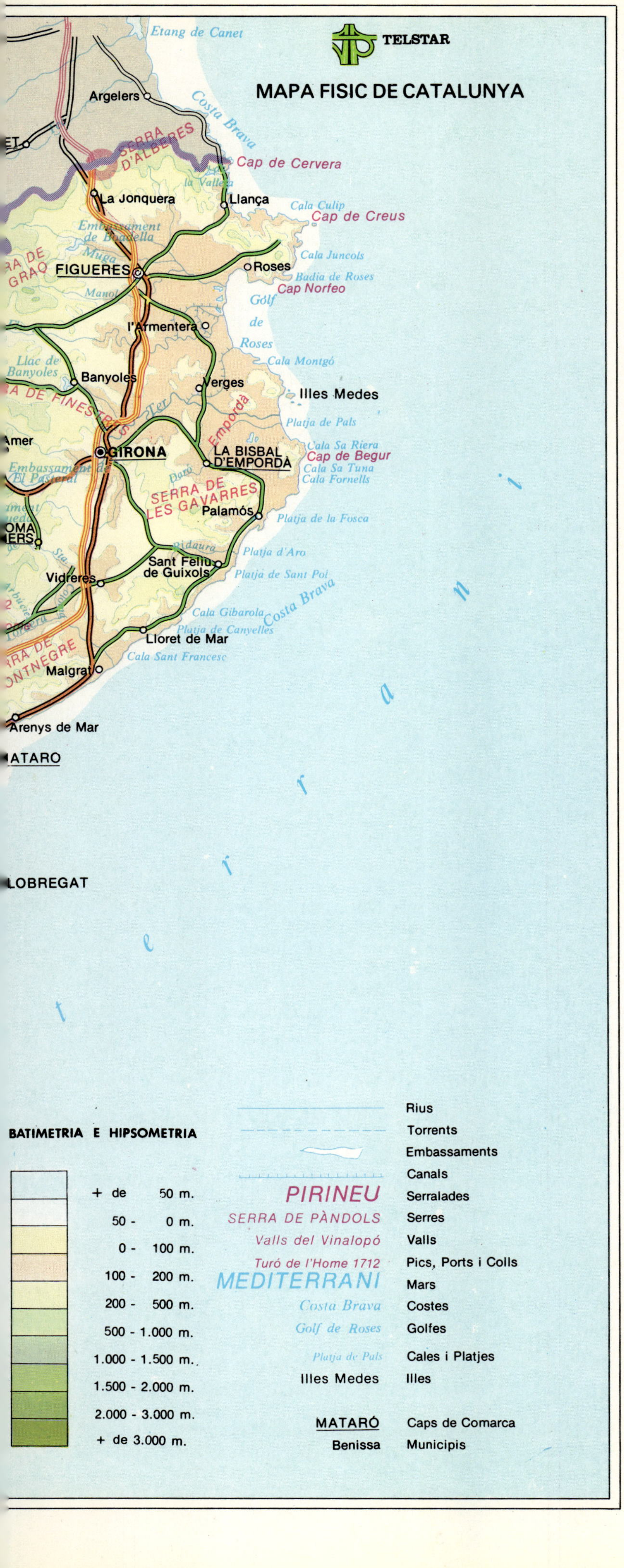

Aquest volum no havia de ser un llibre erudit, sinó una eina de divulgació de la realitat catalana i balear, i encara amb unes evidents limitacions si tenim en compte l'enorme riquesa del tema. I si és cert que sempre podem aprendre alguna cosa de qualsevol llibre, la intenció del que teniu ara a les mans és ben clara: interessar, sobretot, els lectors que no han tingut l'ocasió —fins avui— de rebre una informació general, i al mateix temps ordenada, de Catalunya i Balears.

Ordenada vol dir, en aquest cas, adoptar un sistema de presentació del territori. De les diverses possibilitats m'he inclinat per una solució que em sembla raonable i pràctica. He defugit tant una classificació administrativa i arbitrària, les «províncies», com un criteri científic —la Catalunya humida, la Catalunya de la depressió prelitoral, etc.— perquè, tot i el seu rigor, potser no encaixa prou amb el to comunicatiu que aquestes pàgines volen oferir al lector. Hem procurat que el títol de cada capítol ajudés a «situar» ràpidament el lector, amb independència de la seva preparació, en l'espai geogràfic del qual anàvem a parlar.

Si el text no vol ésser, doncs, un catàleg sistemàtic ni una enciclopèdia, sinó un estímul a la curiositat i a la reflexió sobre el nostre país, les magnífiques fotografies que es reprodueixen també són mostres lliures i variades de la realitat catalana i balear. Els temes dignes d'ésser fotografiats serien, també, molts més. Els recollits, però, es justifiquen per la seva bellesa i el seu valor documental.

En conjunt es tracta, doncs, de proporcionar al lector una bona estona, de manera que la informació no li sigui feixuga, i al capdavall l'animi a interessar-se una mica més per una terra que demana ser més coneguda, i en conseqüència més estimada.

He hagut d'arribar a una certa edat per a adonar-me de la deformació de l'ensenyament que havia rebut a l'escola en relació amb la geografia i la cultura. Ens feien aprendre els rius de Sibèria i els seus afluents, però era silenciat tot el sistema de llacs del Pirineu; estudiàvem les formes dels trenta-dos sistemes cristal·lins, però no trobàvem ni una paraula sobre els ocells del nostre país.

La gent deia que era del Vallès o de l'Empordà, però l'Empordà i el Vallès no existien en els llibres. I havíem de recitar la llista dels reis més exòtics —Wamba, Witiza, etc.—, mentre ignoràvem les nocions més elementals de la història catalana.

No sé si ha canviat gaire, aquest plantejament; vull pensar que sí, que alguna cosa ha canviat, però estic segur que no n'hi ha prou. Crec que l'escola hauria de proposar-se decididament l'aproximació dels infants i dels adolescents a la «cultura vital» de la pròpia comunitat, i que no s'hi val a pensar que «aquestes coses» ja les aniran aprenent amb el temps, pel seu compte. Això ho aconseguiran uns quants, els qui tinguin més curiositat o més sort, però la majoria de ciutadans arribaran a la maduresa física amb una informació —que en aquest cas vol dir formació— molt deficient sobre allò que forma part del seu àmbit natural.

Amb aquest llibre hem volgut ajudar el lector a entendre allò que té al seu voltant, i a sentir-se'n responsable.

JOSEP M. ESPINÀS

EL PIRINEU OCCIDENTAL

VALL D'ARAN • PALLARS SOBIRÀ • PALLARS JUSSÀ • ALT URGELL

Les terres més altes de Catalunya es troben al seu angle superior esquerra. És el Pirineu de la Vall d'Aran, l'Alta Ribagorça i el Pallars Sobirà, i encara cal afegir-hi la comarca de l'Éssera superior, on hi ha l'Aneto (3.404 m.), històricament catalana, encara que avui pertany a la província d'Osca.

És el Pirineu dels rius joves i frescos, que baixen saltant; dels grans prats intensament verds; dels immensos boscos d'avets i dels silenciosos llacs de les altures; del bestiar que pastura lliurement, de la pesca de la truita de riu, dels petits pobles arrelats en el paisatge, amb teulades de pissarra i bel·líssims campanars romànics.

Cal distingir, és clar, entre el Pirineu i el pre-Pirineu, on les muntanyes no són tan altes i on el clima fa possible l'agricultura, unes comunicacions més fàcils i, en definitiva, unes relacions humanes i veïnals més còmodes i permanents.

I anem ja a comentar cada una de les comarques que hem aplegat en aquest capítol.

LA VALL D'ARAN

Com que encara hi ha gent desorientada que pensa que ja és a la Vall d'Aran abans de ser-hi —quan veu els poblets, els prats i els boscos que dèiem—, cal recordar que, si aneu en cotxe, només arribareu a la Vall d'Aran després de passar el Port de la Bonaigua o el túnel de Viella.

És una comarca excepcional a Catalunya, per un motiu bàsic: és l'única que forma part de la conca atlàntica, és a dir, les seves aigües no van a parar al Mediterrani. L'Aran és la comarca natural del riu Garona, que hi neix, passa la frontera francesa i va a parar a Bordeus. Com que les serralades més altes s'alcen al sud de la vall, es pot dir que l'Aran es troba «a l'altra banda» del Pirineu.

Té uns 40 quilòmetres de llargada, des del Port de la Bonaigua a la frontera, i uns 30 quilòmetres d'amplada, i hi viu molt poca gent, no més de cinc mil persones. La barrera muntanyosa ha fet que la Vall d'Aran hagi viscut sempre aïllada de Catalunya —en realitat és una terra occitana— i fins que fou inaugurat el túnel de Viella, l'any 1948, l'única carretera utilitzable, la que puja pel Port, romania tancada per la neu durant mig any. A la comarca es conserva un llenguatge propi, l'aranès, dialecte gascó.

Tradicionalment es distingeixen tres zones: l'Alt Aran, presidit per Salardú; el Mig Aran, on hi ha Viella, la capital comarcal, i el Baix Aran, el de Bossost, Però si els nuclis més importants estan situats al llarg de l'eix central de la vall, la carretera que segueix el riu Garona, a l'Aran hi ha diverses valls secundàries —anomenades artigües— d'una gran bellesa amagada. Els excursionistes les coneixen molt bé. Per aquestes valls baixen els afluents del Garona: l'Aiguamoix, l'Inyola, el Valarties, el Nere, el Barradós, el Jueu... No és estrany, doncs, que l'Aran s'hagi convertit en una extraordinària font d'energia hidroelèctrica.

Entre el centenar de pics destacats de la vall, alguns dels quals ratllen els tres mil metres —Tuc de Mulleres, Gran Tuc de Colomers, Saburedo, etc.—, es reparteixen també més d'un centenar de llacs, i només el circ de Colomers en té 47. N'hi ha de grans i de petits, d'esquerps i de voltats d'una vegetació acollidora. Des de Salardú no és difícil explorar-ne uns quants, però val a dir que la majoria de visitants s'estimen més agafar el tele-cadira i atansar-se a les pistes de Baqueira-Beret. L'esquí ha fet que darrerament la Vall d'Aran, desconeguda durant una colla de segles, s'hagi convertit en un centre turístic molt freqüentat.

EL PALLARS SOBIRÀ

Aquesta comarca correspon a la conca del riu Noguera Pallaresa, fins a la barrera natural formada, al sud, per les serres de Boumort i de Sant Gervàs. La carretera general travessa el Pallars Sobirà des del pas de Collegats fins al Port de la Bonaigua. És una comarca molt ben delimitada, però inclou una sèrie de subcomarques o de valls d'una gran diversitat, i això és, al meu entendre, un dels atractius més poderosos d'aquest Pallars.

La capital comarcal és Sort, una vila que amb el turisme modern s'ha reviscolat i la seva nova façana urbanística fa oblidar el seu paper històric. Encara hi ha restes del castell dels Comtes de Pallars, un dels comtats decisius en l'evolució de Catalunya. A més d'aquesta cèntrica Ribera de Sort, la comarca ofereix l'íntima i enlairada vall d'Àssua —on avui dia fan corrua els qui pugen a esquiar a Llessui— i la de Soriguera, l'alta vall d'Espot— per on s'arriba al llac de Sant Maurici, al peu del pic d'Els Encantats—, la Vall Ferrera, més dramàtica que la suau Ribera de Cardós, l'arrodonida i lluminosa vall d'Àneu, els racons més silvestres d'Unarre i d'Isil o Gil...

Tot això és a l'abast de qualsevol viatger automovilístic amb una mica de curiositat. Qui vulgui enfilar-se més haurà de comprovar si les cames poden dur-lo als cims pallaresos, un dels quals, la Pica d'Estats (3.141 m.), és el més alt de Catalunya. No oblidem tampoc que en la conca del Noguera Pallaresa s'han identificat prop de 130 llacs —normalment explorables des d'Espot— i que si l'existència actual de l'ós és discutible, encara algun excursionista pot tenir el privilegi de descobrir un isard. La visió d'un ramat d'isards en una carena, a vegades a contrallum, és un espectacle que sembla irreal.

EL PALLARS JUSSÀ

La Ponència de la Divisió Territorial de Catalunya va incloure, l'any 1933, dins la comarca del Pallars Jussà, una part d'una altra comarca, l'Alta Ribagorça. La divisió provincial entre Lleida i Osca parteix arbitràriament aquesta comarca, de manera que la banda de ponent queda a l'Aragó. Així, doncs, la Generalitat es trobà que només comptava amb la meitat de l'Alta Ribagorça i la incorporà al Pallars Jussà. Seguim el mateix criteri, però la delimitació de les dues comarques és ben clara.

Per anar de La Pobla de Segur (Pallars) a Pont de Suert, capital de l'Alta Ribagorça, cal travessar el port de Perbes, que és molt dur i fa evident la frontera. Pont de Suert és una vila antiga, però transformada per les obres hidroelèctriques. Més amunt s'arriba a Erill-la-Vall, Boí i Taüll, la «plana major» de l'arquitectura romànica catalana. Si s'agafa aleshores la vall de Sant Nicolau apareix, als 1.800 metres d'altitud, el paratge conegut amb el nom d'Aigüestortes, declarat Parc Nacional, que és un escenari majestuós, on l'aigua —que es reparteix en molts braços—, els prats i els boscos hi representen un espectacle molt bell.

Feta la referència, doncs, a l'Alta Ribagorça, el Pallars Jussà estricte té com a base la Conca de Tremp. El nom de Conca ja indica el caràcter de recipient geogràfic, en el centre del qual Tremp conserva totes les característiques

A la pàgina anterior, el típic poble de Salardú, al bell mig de la Vall d'Aran.

A dalt: un exemple de construcció utilitària popular a Altron, a la vall d'Àssua (Pallars Sobirà), una de les valls que es poden explorar des de Sort i Rialp.

A la dreta: El caseriu de Gerri de la Sal —un nom que fa referència a la tradicional explotació de les salines— s'enfila a la riba de la Noguera Pallaresa.

A l'altra pàgina: Taüll, al cor del Pirineu. El campanar saluda els qui arriben pels costeruts camins.

d'una capital comarcal. Aquest Pallars Jussà, o inferior, no presenta encara l'aire francament pirinenc que defineix el Pallars Sobirà, o superior. L'agricultura és netament mediterrània, i bona part del Pirineu ha begut tradicionalment el vi de la Conca, que els traginers duien camins amunt.

Al Pallars Jussà hi ha una altra població notable. La Pobla de Segur, més cap al nord, centre de carreteres importants: la que duu cap a Sort i la que duu cap a Pont de Suert i Cabdella. La vall de Cabdella, que és la vall del riu Flamicell, és el que en podriem dir l'apèndix rotundament pirinenc del Pallars Jussà. És una vall estreta —també en diuen popularment la Vall Fosca— que s'endinsa cap al cor del muntanyam més poderós de la regió. Al damunt de Cabdella hi ha l'Estany Gento, a 2.000 m., que ha estat convertit —mitjançant comunicacions subterrànies artificials— en el dipòsit regulador d'un sistema de 26 llacs, i la seva importància per a la producció d'energia elèctrica és extraordinària.

L'ALT URGELL

Dins l'Alt Urgell també es poden distingir diverses subcomarques; cal tenir en compte que les valls del Pirineu, sovint força tancades, han afavorit no tan sols una compartimentació geogràfica, sinó també en el camp de les relacions humanes. Hi ha un fet unitari, però: la història. Tant el Comtat d'Urgell com el Bisbat d'Urgell han tingut un poder extraordinari, que ha arribat molt lluny d'aquestes terres.

La capital de la comarca és La Seu d'Urgell, que es troba a l'Urgellet, el nom que es dóna a la part més nòrdica. Es una plana fèrtil, i no ha estat víctima de l'empobriment que afecta la majoria d'indrets del Pirineu. Ho demostra La Seu, ciutat activa, beneficiada a més per la seva situació estratègica: hi conflueixen els camins d'Andorra, de la Cerdanya i el que baixa cap a la Catalunya central.

El riu Segre és la columna vertebral de la comarca, que modifica el seu aspecte a manera que el riu va baixant. El Segre, carrer major de l'Alt Urgell, ha estat sempre un passadís de cultura i de novetats, mentre que el Pirineu, el Cadí, el Boumort, han fet d'altes parets entre les quals la comarca ha conservat el seu caràcter.

L'agricultura tradicional ha perdut volum a causa de l'explotació ramadera. La vida a l'Alt Urgell ha canviat quan s'ha industrialitzat la llet. Les lleteries de La Seu (1923) i abans la fundació de la Cooperativa del Cadí (1915) han estat decisives per a l'evolució de la comarca. També cal assenyalar l'explotació dels boscos, i si voleu el fenomen del turisme de pas, d'ençà que Andorra ha atret regularment milers i milers de persones. Llàstima que la majoria d'aquests forasters no dediquin una estona a passejar per La Seu, que té una catedral única a Catalunya i uns carrers antics extraordinàriament suggestius.

Llessui no és només una estació d'esquí, sinó també un paisatge bellíssim durant tot l'any.

A l'altra pàgina: L'impressionant escenari del llac Negre.

PROTAGONISTA: L'ART ROMÀNIC

Encara que arreu de Catalunya l'art romànic presenta mostres excel·lents, al Pirineu Occidental es converteix en protagonista. Citem aquí les obres més notables.

A la Vall d'Aran gairebé totes les poblacions, fins i tot les més petites, tenen una església romànica interessant. Destaquen les de Salardú —on hi ha un Crist del segle XI—, Unyà, Arties, Viella i Bossots.

Orcau, Llordà, Covet i Abella de la Conca són al Pallars Jussà, i al Sobirà cal veure, sobretot, el monestir de Gerri de la Sal, consagrat el 1149, les esglésies de la Ribera de Cardós i de la vall d'Àneu, i la d'Isil.

A la vall de Boí es troben els tres «gegants» del romànic: Erill la Vall, amb el seu bellíssim campanar, Boí i Taüll, on hi ha l'església de Santa Maria, i la de Sant Climent, l'exemplar més complet d'església pirinenca de planta basilical.

I no es pot oblidar la Catedral de la Seu d'Urgell, del s.XII, obra monumental i extraordinària des de tots els punts de vista.

Pàgina anterior: Llac de Sant Maurici, més amunt d'Espot.

A l'esquerra, de dalt a baix: un racó de la Vall d'Aneu i l'església romànica de València d'Àneu.

Doble pàgina anterior: La soledat de Borén, a més de mil cent metres d'altitud.

A l'esquerra, el riu Noguera Pallaresa, un carrer antic de la Seu d'Urgell a la dreta, i al peu, el poble d'Oliana, que dóna nom al conegut embassament.

A la pàgina següent, paisatge del Montgarri.

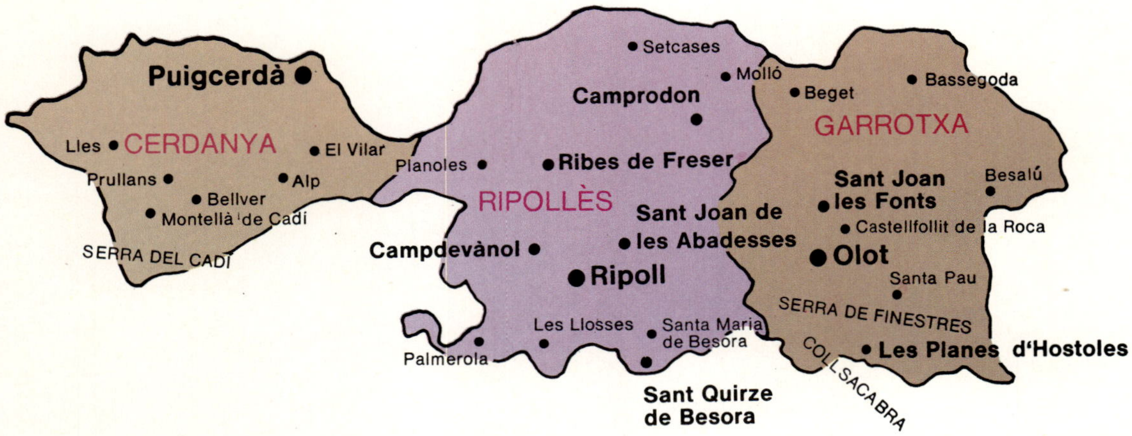

EL PIRINEU ORIENTAL

CERDANYA • RIPOLLÈS • GARROTXA

Cal una justificació prèvia en relació amb el contingut d'aquest capítol. En primer lloc, no s'hi inclou l'Alt Empordà, tot i que la serralada pirinenca acaba, com és sabut, al Mediterrani. Però només una franja molt estreta de l'Alt Empordà pot considerar-se muntanyenca, i aleshores ens trobariem que caldria parlar, en aquestes pàgines dedicades al Pirineu, de Figueres i la seva rodalia, de Roses i de L'Escala, que no «lliguen» gens amb la idea que el presumible lector d'aquest llibre té del Pirineu.

No prescindim, en canvi, de La Garrotxa, a desgrat que una part de la comarca, la plana d'Olot, no és pròpiament pirinenca; però el criteri de no trencar la divisió comarcal establerta, d'una banda, i de l'altra el pes real que té l'Alta Garrotxa, ens mouen a incorporar tota la comarca en aquest apartat. Quant a l'Alt Berguedà, tampoc no el separarem de la resta de la comarca i el trobarem en les pàgines corresponents a la Catalunya central.

LA CERDANYA

La Cerdanya és la més acollidora de les valls pirinenques, per una raó geogràfica: no s'obre de nord a sud, sinó de llevant a ponent. Això fa que el sol la visiti durant moltes hores cada dia i tingui aquella lluminositat que sorprèn quan, passada la collada de Tosses, ens aboquem a la Cerdanya.

La comarca, però, té molts contrastos, perquè és una cassola voltada de parets molt altes, sobretot al nord. Però fins i tot el Cadí, que és la barrera del sud, és prou enlairat perquè a l'hivern el sol només pugui treure el cap i hagi diferències de temperatura molt marcades en una banda i en l'altra de la vall.

Els boscos es conserven a l'alta muntanya, però de mica en mica els prats han anat guanyant terreny, perquè ho reclama l'augment de l'explotació ramadera i la industrialització de la llet. Les vaques són un element característic del paisatge, que en el pla es presenta ben ordenat al voltant dels pobles, que lluiten per no perdre el seu caràcter davant l'èxit turístic. Puigcerdà, la capital de la Cerdanya, té des d'aquest punt de vista un prestigi que ve de lluny, i avui dia és una ciutat molt animada, però els hotels i els xalets s'han repartit per tot arreu. El turisme conviu amb l'agricultura tradicional, especialment la patata i el blat.

L'Estat Espanyol i l'Estat Francès s'han repartit administrativament la Cerdanya, però la unitat de la comarca és evident. No hi ha cap frontera que pugui impedir que la gent de Font Romeu, de Sallagosa o d'Osseja se senti estretament relacionada —per la història, la llengua i el comerç— amb la gent de Puigcerdà o d'Alp. Encara hi ha una altra frontera arbitrària: la que diu que a partir d'Isòvol ja no som a «Girona» sinó a «Lleida». La personalitat de la Cerdanya fa que sigui grotesc que una mica més cap aquí siguin «gironins» i una mica més cap enllà siguin «lleidatans». De la part de ponent de la comarca, la gent del país en diu, ben justament, la petita Cerdanya, i la presideix la vila de Bellver.

EL RIPOLLÈS

Ripoll és en el punt de confluència de dos rius, el Ter i el Freser. Pràcticament és l'unic punt pla de la comarca. Per això és una cruïlla de camins: Vic i Berga al sud, La Pobla de Lillet a l'oest, Ribes, Núria i Puigcerdà cap al nord, i Sant Joan de les Abadesses, Camprodon i Olot a l'est.

Alp, pintoresca població de la Cerdanya.

La vall de Ribes ha estat tradicionalment una vall de pastors, però el Ripollès ha acollit també la indústria. De primer —fins al s. XVIII— la del ferro, i els salts d'aigua dels rius eren aprofitats per les fargues, que fabricaven, entre d'altres coses, armes molt acreditades, com les famoses «pistoles de Ripoll», que avui paguen molt bé els col·leccionistes. A partir del segle passat, l'aigua dels rius es convertí en el motor d'una altra indústria, la tèxtil.

Dediquem a la vila de Ripoll, decisiva en la història de Catalunya, un text apart. L'altra vila històrica i monumental de la comarca és Sant Joan de les Abadesses, que a més de tenir un monestir molt important és una població extremadament agradable. Més amunt de Sant Joan hi ha Camprodon, que va ser un dels primers indrets d'estiueig dels «senyors de Barcelona» i s'esforça a conservar la seva gràcia natural. L'últim racó de la vall de Camprodon és Setcases, al peu del Pic de l'Infern i del Puig del Gegant, que són noms que ja ho diuen tot. També es pot trencar cap a Molló i, pel Coll d'Ares, passar la frontera.

Si hem seguit la vall de Ribes, acabarem endinsant-nos en la vall de Núria, un altre punt tradicionalment turístic del Pirineu. Ara, en sentir el nom de Núria, tothom pensa en l'esquí, però no sempre ha estat així. La fama de Núria la van difondre els excursionistes de començaments de segle, que en general eren una gent culta i inquieta. El poeta Joan Maragall hi col·laborà escrivint uns «goigs» d'una qualitat molt acolorida, que recollien a més, la sensació de misteri que encomanaven aquells paisatges tan allunyats i solitaris:

Verge de la vall de Núria,
voltada de soledats,
que immòbil en la foscúria
i en vostres vestits daurats,
oïu l'eterna cantúria
del vent i les tempestats.
Verge de la vall de Núria,
a Vós vénen les ciutats.

LA GARROTXA

La part pirinenca de la comarca, o sigui l'Alta Garrotxa, justifica el significat del mot «garrotxa»: terreny aspre i trencat. Cal allunyar-se del camí principal, el riu Fluvià, i endinsar-se per les valls que pugen cap al nord si es vol descobrir un paisatge que contrasta —gairebé dramàticament— amb la plana d'Olot. De sempre hi ha viscut poca gent, però d'uns anys ençà el despoblament és vertiginós. El cim de la Mare de Déu del Mont és el punt de referència d'una sèrie de valls abruptes que constitueixen un dels territoris més desconeguts i més impressionants de Catalunya.

Olot, en canvi, és una ciutat que ha crescut en temps relativament moderns —passant al davant de la històrica Besalú— i s'ha definit com un centre social i cultural de força solidesa. Les formes de vida d'Olot encaixen perfectament amb el seu paisatge —tan reproduït per l'escola olotina—, que és un equilibri d'arbres i d'aigua; els voltants d'Olot, i les seves fonts, tenen sovint un aire romàntic.

En aquest paisatge tan ben ordenat i pacífic hi ha una sorprenent excepció: els volcans. Se n'han identificat una quarantena, i els més coneguts són els més pròxims a la ciutat d'Olot: el Sant Francesc o Montsacopa, el Montoliver, la Garrinada... El basalt volcànic és precisament el suport —avui dia en perill de destrucció— d'un dels pobles més espectaculars de Catalunya: Castellfollit de la Roca. Aquests volcans olotins són el testimoni que en d'altres segles aquesta plana tan tranquil·la va ser l'escenari d'uns cataclismes impressionants.

Hem citat Besalú... Antigament era la població més important de la comarca, i encara avui n'és la capital històrica —fou capital de comtat— i monumental. Els temples, les col·legiates i els nobles edificis de Besalú formen un conjunt que val la pena de visitar.

A vint quilòmetres de Puigcerdà, Meranges es troba ja a més de mil cinc-cents metres d'altitud, i és conegut pels excursionistes que pugen als estanys.

Pàgina anterior: l'inconfusible pont de Camprodon i paisatge prop de Sant Joan de les Abadesses.

A dalt, boscos de Molló, i a baix, a l'esquerra, una vista general de Camprodon, a l'alt Ripollès.

Al peu d'aquesta columna, la portada del Monestir de Ripoll.

RIPOLL, BRESSOL DE CATALUNYA

El monestir de Santa Maria de Ripoll és gairebé la partida de naixement de Catalunya, i en tot cas representa el moment decisiu per a la política i la cultura catalana.

Va ser fundat pel comte Guifré l'any 888, el mateix Guifré el Pilós iniciador de la dinastia catalana. Després va ser reformat i ampliat, com un símbol del que estava passant a Catalunya. L'abat Oliba consagrà la basílica el 1032. El monestir va tenir moments bons i moments dolents, fins que l'any 1835 es produeix l'exclaustració i el desastre: gairebé tot és destruït, llevat de la portada i el claustre.

Mil anys justos després de la fundació, el 1888, el bisbe Morgades impulsà la restauració del monestir. S'havien perdut moltes peces de gran valor històric i artístic, però Catalunya tornava a tenir un punt de referència visible dels seus orígens.

Doble pàgina anterior: La serra del Cadí desplega el seu panorama amb una majestuosa elegància.

Un escloper (Besalú) i un pastor amb el ramat, estampes pirinenques que evoquen costums de segles.

Una meravellosa vista d'una part de la Cerdanya amb Puigcerdà al fons.

A l'altra pàgina: Besalú, antiga capital de comtat, una de les poblacions històriques i monumentals més notables de Catalunya.

REGIÓ DE GIRONA

ALT EMPORDÀ • BAIX EMPORDÀ • GIRONÈS • SELVA

Ja hem dit abans per què no incloïem l'Alt Empordà en el capítol dedicat al Pirineu Oriental. Si l'estudiem ara dins la regió de Girona no és per un «prejudici» provincial, sinó perquè uns factors molt importants de tipus geogràfic i humà l'agermanen amb les altres comarques aplegades en aquestes pàgines.

L'ALT EMPORDÀ

Entre l'Alt Empordà i el Baix Empordà no hi ha cap trencament físic. Però hi ha una consciència humana molt clara de diferenciació. Val a dir que l'Empordà és una de les terres més trepitjades de Catalunya i la gent que hi viu s'ha pres molt seriosament la seva identificació. «Sóc empordanès» és dit, normalment, amb un punt indissimulable de satisfacció, o almenys de seguretat.

L'Alt Empordà ha estat la plataforma d'arribada a la península de diversos pobles, entre els quals els grecs i els romans. Empúries n'és un testimoni eloqüent. És probable que aquest contacte històric amb gent de diverses cultures i procedències hagi dibuixat el caràcter ambivalent dels empordanesos, que es manifesta a vegades en un esperit de tolerància —tenyida d'escepticisme, si convé— i a vegades en un vigorosa i fins i tot radical afirmació de la pròpia personalitat.

La capital de l'Alt Empordà, Figueres, és una ciutat oberta i liberal —més que Girona, i en certs aspectes més que Perpinyà, la seva bessona en la Catalunya Nord—, amb unes formes de vida acollidores i, en definitiva, integradores. Ens hi sentim còmodes, a Figueres, perquè tenim la sensació que és una ciutat que no té complexes —històrics, socials, etc.— de cap mena.

El més notable de l'Alt Empordà és la plana, perquè a Catalunya n'hi ha poques, i són petites. La plana empordanesa és molt treballada per l'home, i la seva fecunditat és obra dels al·luvions del rius Fluvià i la Muga. L'estructura romana hi és encara visible —i la confirmen els noms dels pobles que comencen amb «vila»— i en el nostre temps continua essent un paisatge fonamentalment rural.

El complement d'aquesta plana és la zona del Cap de Creus, que és la fantasia de l'Alt Empordà, el contrapunt mineral i esquerp de la terra llaurada, la rauxa de la naturalesa enfront del seny del pagès. De tant en tant, l'Alt Empordà —«el palau del vent»— es treu la pols del damunt gràcies a l'escombra de la tramuntana, que diuen que és un vent molt netejador i molt saludable; com algunes medicines, però, a vegades resulta poc agradable.

EL BAIX EMPORDÀ

El Baix Empordà és més petit que l'Alt, i alhora té més racons. Té una ciutat important, La Bisbal, que és la capital de la comarca: una ciutat que ha heretat la importància històrica del bisbat gironí i dels senyors feudals, a més de la influència del mercat. La moderna evolució econòmica —ara fa un segle— també concentrà a La Bisbal això que se'n diu gent «distinguida». Baldiri Ferrer, en parlar del ball de la Penya i dels rigodons, diu que «hom comprèn que davant uns empordanesos que produïen unes inclinacions tan versallesques, els altres habitants de la comarca, pagesos, obrers del suro i pescadors, tots s'haguessin de treure el barret».

Però el Baix Empordà té un teixit humà molt ric i diversificat: Torroella, Palamós, Palafrugell, Sant Feliu de Guíxols... I entre les viles, els poblets, i entre els poblets les cases de pagès. L'articulació era perfectament proporcionada, fins que arribà el turisme. Però encara —fins quan?— a pocs minuts de les urbanitzacions i els càmpings hi ha Peratallada i Pals, amb el seu món gòtic, i ben a prop de la multitudinària Platja d'Aro s'alcen les magnífiques i solitàries Gavarres, que cada any algú s'entossudeix a cremar o a parcel·lar.

L'església de Sant Fèlix és un dels temples amb més història de Girona i guarda el sepulcre de Sant Narcís, un dels primers bisbes de la ciutat.

EL GIRONÈS

Des del punt de vista geogràfic, la comarca del Gironès no és gens clara: no hi ha pràcticament cap punt de contacte entre la plana de Banyoles i Llagostera. Quan l'antiga Generalitat delimità el Gironès va tenir en compte, probablement, raons econòmiques i de relació humana.

No es pot negar que Girona exerceix una influència que arriba molt lluny, i que actua com a capital supra-comarcal. La vitalitat de Girona, i el progrés de les comunicacions, fa que cada dia aquesta ciutat sigui més a prop d'unes terres que pertanyen a diverses entitats naturals ben diferents. També cal admetre que Girona, ciutat antiga i amb molt de caràcter, és una realitat que lliga no tan sols la gent de la comarca, sinó la gent d'Olot i de Santa Coloma, de Castelló d'Empúries i de Palafrugell; és la persistència de la tradicional i poderosa Girona eclesiàstica. En temps de Pere III ja era capital de vegueria i la seva jurisdicció s'escampava molt més enllà que l'actual Gironès.

Girona és una ciutat per la qual cal passejar: plaça del Vi, plaça de l'Oli, Ballesteries, Ferreries Velles... No us limiteu a admirar la catedral. Girona demana una mica de temps i una mica de ganes de perdre's.

D'altres poblacions notables són Banyoles, famosa pel seu estany, ciutat molt activa que reivindica la capitalitat d'una subcomarca, Caçà de la Selva, Llagostera...

El riu Onyar al seu pas per Girona, reflexa tot l'encant d'aquesta immortal ciutat.

Embassament de Boadella.

LA SELVA

La Selva és una de les comarques més belles de Catalunya, si entenem ara per bellesa l'agradable disposició dels colors i els volums: els boscos, els camps, els pobles i les masies sobre el paisatge. A La Selva hi ha muntanya, hi ha pla, i fins i tot una mica de mar. Hi ha ramaderia, agricultura i indústria. Saber harmonitzar tot això és una de les gràcies de La Selva. Les Guilleries, les Gavarres i el Montseny són el marc de la comarca, i en aquesta discreta varietat s'hi troben problacions tan atractives i característiques com Sant Hilari i Arbúcies, Anglès i Amer; Caldes de Malavella i Vidreres; Hostalric, porta comarcal del sud, emmurallada sobre el pas del Tordera...

La capital és Santa Coloma de Farners, una vila profundament arrelada en l'essència del país, que sembla construïda per a una convivència pacífica i profitosa, amb l'animació del mercat, la pau de les ermites, l'encís de les aigües medicinals i la qualitat gastronòmica —que resisteix admirablement— de les famoses «teules» de Santa Coloma.

Blanes, Lloret i Tossa també tenien, en certa manera, aquesta qualitat selvatana, abans que el turisme no esbotzés les mides i l'ambient que els anys havien sedimentat en aquestes viles.

Un detall d'una sala del Museu Dalí, a Figueres, nou centre d'interès de la capital empordanesa.

Des de l'Empordà i la Selva, la sardana ha estès el seu missatge de fraternitat per tot Catalunya.

Des de l'arquitectura més senzilla i popular, al peu d'aquestes ratlles, fins als vestigis dels antics monestirs romànics —església de Sant Miquel, en un turó prop de Cruïlles— aquestes comarques presenten una mostra variada i completa de la instal·lació mil·lenària de l'home en aquesta terra.

L'ALZINA SURERA

L'alzina surera és l'arbre característic d'aquestes comarques, sobretot al pla i a les muntanyes que miren cap a mar. Es un arbre amb una extraordinària personalitat, que no creix «domesticat i polit», com el seu veí del bosc, el pi; sovint és estrafet i desordenat. Tampoc no serveix per a descansar-hi l'esquena, però en canvi el seu tronc té un relleu i una qualitat tàctil i visual fora del corrent. A més, l'alzina surera sol conviure amb un sota-bosc variat i suggestiu, amb romaní, farigola, carrasca i tota mena de plantes oloroses.

D'altra banda, la indústria del suro ha estat molt important en aquesta regió, i després d'uns anys de decadència el redescobriment de les qualitats d'aquest material —aïllant, decoratiu i perdurable— fa preveure que l'alzina surera serà des d'ara més protegida.

Pàgina anterior: El Pals antic ha estat conservat prodigiosament. Avui és un lloc d'obligada visita per tothom que s'hi atança.

Ceràmica de La Bisbal i vista de L'Escala, tradicional vila marinera al sud del golf de Roses.

Doble pàgina següent: Llafranc, malgrat la seva nova imatge que l'hi dóna el port esportiu i algunes noves construccions, encara té la característica encisadora del típic poble de pescadors.

5ªBA5-2311

5-BA-6-8599

A dalt, Calella de Palafrugell, un dels pobles més bonics de la Costa Brava. A la dreta, una panoràmica de Tossa, i al peu, a l'esquerra, una caleta d'aigües blaves i transparents.

A la pàgina següent, un detall de Sa Riera.

LA COSTA BRAVA

La Costa Brava és avui dia una «marca» internacional, que empara tot el litoral que va de Portbou a Blanes. Qui conegui d'altres costes famoses del món no trobarà gens exagerat de dir que, des del punt de vista paisatgístic, la Costa Brava és d'una bellesa única. També deu ser, cal acceptar-ho, una de les costes més espatllades per l'obra humana, especialment en els indrets on s'han produït les màximes aglomeracions.

De fet, la Costa Brava és força canviant. Hi ha la part nòrdica, més mineral i solitària, que enllaça amb el muntanyam de Cap de Creus; i per a compensar ve després el golf de Roses, ampli i llis. Un altre nucli són les cales al voltant de Begur. Més avall Palamós, la Platja d'Aro, S'Agaró i Sant Feliu de Guíxols. El litoral torna a l'altivesa camí de Tossa i de Lloret, i és suavitza en acabar a Blanes.

470
F 9232

CATALUNYA CENTRAL

BAGES • BERGADÀ • OSONA • ANOIA • SOLSONÈS • SEGARRA

L'expressió Catalunya Central pot ser útil, en un llibre de divulgació com ara aquest, per ajudar ràpidament el lector a situar les terres de què parlarem. Són sis comarques prou diferents, però que tenen uns elements bàsics comuns, en bona part pel fet que es troben en la depressió central de Catalunya, és a dir: en una mena de gran cassola geogràfica.

EL BAGES

El punt més cèntric d'aquest conjunt és el Bages, i dins del Bages la ciutat de Manresa, que per l'emplaçament exerceix influència enllà dels límits comarcals. A Manresa es troben els rius i els camins de la Catalunya central, i per tant és un centre actiu de comunicacions. El Llobregat i el Cardener han estat, des de temps antics, línies de poblament, línies de comerç i —cent cinquanta anys endarrera— línies d'industrialització. Són les «colònies» fabrils de Monistrol, Sant Vicenç, Navarcles, Sallent, Callús, Súria, Cardona...

El Bages és, a més, una comarca minera, que és un fet rar a Catalunya, i les explotacions de sals potàssiques proporcionen el quinze per cent del volum que utilitza la indústria a l'Europa occidental.

Des del punt de vista artístic, la comarca té, entre d'altres, tres peces destacades: la magnífica Seu de Manresa, el monestir de Sant Benet de Bages i el castell de Cardona.

EL BERGUEDÀ

La continuació cap al nord del Bages és el Berguedà, on es troba l'alta conca del Llobregat. També hi ha una tradicional indústria de teixits, i mines de lignit a Fígols; a desgrat dels prats d'alta muntanya, la ramaderia —com arreu de Catalunya— va disminuint.

L'Alt Berguedà, presidit per la mole del Cadí, ha estat un escenari on s'han representat algunes escenes decisives de la història de Catalunya; d'aquells temps en queden testimonis generalment mig enrunats, entre els quals una colla d'ermites que fan un emotiu contrapunt humà en un paisatge alterós i solitari. Fins ara, aquet paisatge, esplèndid, de l'Alt Berguedà només l'han conegut els excursionistes i els escaladors de Pedraforca. Si s'obris el túnel de Cadí milers de catalans el descobririen. A més, canviaria la vida de la comarca, i no solament del Berguedà, sinó també del Bages, de l'Alt Urgell, de la Cerdanya, del Solsonès... La via nord-sud de la Catalunya central obriria noves possibilitats comercials, turístiques i de relació d'unes terres que s'han mantingut massa aïllades.

A la part inferior de la comarca, la plana de Berga, la indústria s'ha instal·lat en les poblacions importants: Cercs, Gironella, Puig-reig i a la mateixa Berga, és clar, que és una ciutat antiga i al mateix temps un poderós centre d'atracció. Fa prop de dos-cents anys que es construí a Berga la famosa màquina de filar anomenada «berguedana».

OSONA

A ponent del Bages i del Berguedà queda Osona, on s'arriba després de travessar dues subcomarques: pel nord, el Lluçanès, pel sud el Moianès. Però el camí més fàcil d'entrada a la comarca és pel Vallès, o sigui seguint l'antiga Via Ausa dels romans que duu de Barcelona al Pirineu.

El nom d'Osona s'aplica a tota la comarca, mentre que el de Plana de Vic és naturalment més restringit. Passa, però, que Plana de Vic s'utilitza molt popularment degut a la importància de la capital, que és realment el centre vital de tota la comarca, fins i tot dels poblets més allunyats i muntanyencs.

La Plana de Vic és un exemple representatiu de la Catalunya humida, i es comprèn que l'agricultura hi hagi tingut una gran importància, avui equilibrada per la indústria. També hi compta el bestiar, amb un producte famós: la llonganissa de Vic. Vic és una ciutat que ha conservat un estil urbanístic i social, i on hi ha una sòlida tradició eclesiàstica, pastissera i cultural, que són tres coses que en el nostre país han anat generalment lligades.

La catedral de Vic és un monument molt notable, que a través de les reconstruccions no ha perdut el campanar i el claustre romànic, i s'ha decorat modernament amb les vastes i cèlebres pintures de Josep Maria Sert. El Museu Episcopal és molt valuós. Des del punt de vista popular, una de les imatges més conegudes de Vic és la seva plaça, àmplia i porxada, on se celebra el Mercat del Ram.

A la comarca hi ha d'altres poblacions importants, com Manlleu, Roda de Ter, Centelles, Torelló, etc., i també centres d'interès paisatgístic o d'estiueig: cal recordar, al nord, L'Esquirol, Tavertet, Rupit, i al sud la zona del Montseny on es troba Viladrau i el pic de Matagalls.

ANOIA

La comarca d'Anoia, capital Igualada, fa de pont entre el Bages i la Segarra, i el clima ja comença a tenir algunes característiques continentals, pròpies de l'oest de Catalunya. L'agricultura, doncs, és més producte de l'esforç humà que de la qualitat de la terra. Aquest esforç ha donat també una indústria molt característica: la del paper i la de les pells.

Capellades, Carme, La Pobla de Claramunt, la Torre de Claramunt i Igualada són centres paperaires, nascuts dels antics molins vora el riu. D'altra banda, Igualada proporciona el setanta per cent de les pells adobades de tot l'Estat espanyol. La vitalitat de l'Anoia és admirable, si es té en compte que la comarca no ha pogut disposar de les dues grans eines de comunicació i de progrés de l'era industrial: no hi ha passat ni el tren, ni ara l'autopista.

EL SOLSONÉS I LA SEGARRA

Són les dues comarques de ponent de la Catalunya central, i tot i que ocupen en el mapa la mateixa «vertical» són ben diferents.

El Solsonès és una de les comarques menys visitades, però no és una comarca de pas, a desgrat de trobar-se en el centre de Catalunya. Geogràficament està aïllada, hi viu poca gent i els pobles són petits. Llevat de la zona més plana, hi domina el bosc, majestuós, esplèndid. La inauguració de les pistes de Port de Comte ha obert noves perspectives al Solsonès, i els amants de la naturalesa comprovaran que s'havien perdut un dels indrets més bells de Catalunya. I a més hi ha Solsona, la capital, ciutat perfectament proporcionada, monumental i suggestiva, rica en art i en ambients agradables. Una ciutat de cinc mil habitants, amb catedral i bisbe, és un fet excepcional.

La Segarra, en canvi, és més despullada de vegetació, hi plou poc i és terra de cereals, «el graner de Catalunya», diuen. També és terra de castells, perquè durant molt de temps ha estat frontera entre cristians i mahometans. Al voltant dels castells i les esglésies s'han format els pobles, i avui dia conserva en gran part l'aspecte de segles endarrera. Ha canviat, això sí, el treball al camp, que s'ha mecanitzat.

Cervera és una ciutat amb un caràcter extraordinari. És plena d'història de Catalunya, com ho demostren els seus monuments i edificis. Guissona ha agafat darrerament força empenta.

El pantà de Sau té 17 km. de llargada, i al seu costat s'alcen les espadades cingleres de les Guilleries.

Claustre de la catedral de Vic, amb l'estàtua de Jaume Balmes. Josep M.ª Sert realitzà en els seus murs un esplèndid conjunt pictòric, de fons daurat, que representa el misteri de la Redempció. A la pàgina següent, la Riera Major, nascuda al nord del Matagalls.

Moià, on se celebra la tradicional festa de l'arbre fruiter, i detall d'una de les típiques cases de Rupit.
Foto inferior: vista parcial de Manresa, amb l'edifici on hi ha la Cova de Sant Ignasi.

Pàgina següent: a Castellar de N'Hug (Berguedà) se celebra un famós concurs de gossos de pastor, o d'atura.

Una casa isolada en l'alterosa i bellíssima serra de Cadí, a la dreta, al peu.

Doble pàgina següent: Monistrol, al peu de Montserrat, imatge d'un poble català en el qual destaquen les teules vermelles en el conjunt de les seves construccions.

LA PATUM

La Patum de Berga és una festa popular única a Catalunya, i probablement una de les més valuoses i espectaculars del folklore europeu. Se celebra el dia del Corpus i el diumenge següent. La seva antiguitat és considerable —al segle XIV se'n deia «la Bulla», i després s'imposà el nom de «patum», pel so del tabal— i amb el temps ha anat perfilant-se tal com és avui.

Hi ha turcs i cavallets, maces, àngels i dimonis, ball de l'àliga, nans, gegants, però els números forts de la Patum són les guites —monstruosa combinació de mulassa i drac— que duen petards a la boca i reparteixen foc damunt la gent concentrada a la plaça de Sant Pere, i els plens, evolució d'una colla de berguedans que caminen amb foc encès al damunt, protegits per branques. La participació popular és intensa en aquesta festa ritual de tot un poble.

Un detall de «La Patum» de Berga, encapçala la columna de la dreta,

Detall de la Catedral de Solsona, ciutat que juntament amb Cardona (foto inferior) es troba en un dels itineraris menys coneguts i més interessants de Catalunya.

Pàgina següent: Església romànica de Sant Pere el Gros, prop de Cervera, temple del s. XII, de planta circular.

EL REC D'IGUALADA

El Rec és un corrent d'aigua estret i poc profund, que dóna vida a les adoberies. J. Léonard ha descrit aquesta activitat tradicional: «Homes decidits a treballar en un ambient humit, on els peus i les mans només troben superfícies relliscoses o viscoses, on l'aigua corre per sota als peus, salta dels bombos en moviment o es passeja per damunt dels caps en uns canals de fusta. En mig d'aquest carrussel d'aigua els obrers traslladen les pells gelatinoses d'un bombo a l'altre sense que els preocupi conservar l'equilibri. Coneixen el seu taller, però al neòfit el sorprèn aquesta facilitat, perquè la foscor que hi ha en aquests baixos augmenta la sensació d'inseguretat que donen les basses de remull obertes a terra, les trampes de fusta dels corredors, i aquests enormes tubs de goma de les bombes que s'estremeixen esporàdicament sobre una terra coberta d'una capa d'escorça...»

Amb aquest esforç duríssim de generacions, els igualadins han creat una indústria que avui és capdavantera en el seu gènere.

L'esquerp perfil del Pedraforca, on tants escaladors catalans han provat les seves forces.

REGIÓ DE BARCELONA

BARCELONÈS • MARESME • VALLÈS ORIENTAL • VALLÈS OCCIDENTAL • BAIX LLOBREGAT

És innegable que les comarques del Maresme, el Vallès Oriental, el Vallès Occidental i el Baix Llobregat, reben una influència molt forta i molt directa de Barcelona. Es aquest grau d'influència, tan elevat, el que justifica aquest capítol, però sense oblidar que el pes de la capital de Catalunya arriba també visiblement al Garraf —respectem el costum d'unir-lo al Penedès—, a Vilafranca, a Vic, a Igualada, a Manresa i, d'alguna manera, a tot el país. La moderna facilitat de comunicacions encara ha fet més estrets aquests lligams.

EL BARCELONÈS

La ciutat més gran de Catalunya es troba en la comarca més petita, i encara el seu terme municipal estricte és un dels més reduïts de tot l'Estat. Es diu que la densitat humana de Barcelona només és superada per Calcuta, a l'Índia. L'aglomeració és resultat d'una forta i continuada immigració, que ha tingut dos moments espectaculars: cap a l'any 1929 —amb motiu de l'Exposició Universal— i en la postguerra de 1939.

La creixença de Barcelona, però, no és casual: el camí del Llobregat i el camí del Besòs duen amb tota naturalitat a Barcelona el moviment comercial de l'interior; geogràficament, Barcelona és al capdavall d'un embut que al llarg de la història ha projectat cada vegada més energia.

De retruc, les altres poblacions compreses entre el Llobregat i el turó de Montgat han trencat modernament els seus límits tradicionals, i especialment Badalona, Santa Coloma de Gramenet i l'Hospitalet de Llobregat s'han expansionat fins a soldar-se d'una manera física amb la capital.

EL MARESME

El Maresme no ha arribat encara a aquesta fusió, però és probable que hi arribi si tot continua com fins ara. De Montgat fins al riu Tordera, aquesta estreta llenca de terra vora el mar és un dels espais catalans que té un clima més regular i acollidor. L'home s'hi ha instal·lat des de la prehistòria, i ha anat substituint la vegetació natural pels conreus. El Maresme és molt treballat.

Arenys de Mar, el Masnou i d'altres ports de la comarca van tenir gran importància a l'època dels velers que anaven a les Amèriques. Avui triomfen les platges i la modesta navegació de plaer, i els pescadors es poden comptar amb els dits. La indústria —especialment la tèxtil, la del gènere de punt— hi té pés, i es troba sobretot a Mataró, a Canet, a Arenys, a Calella, a Malgrat...

És molt característic del Maresme l'existència dels pobles «de dalt» i els pobles «de mar». Els de dalt són els nuclis originaris, que quan el mar ja no ofereix el perill de les ràzies

AMERICANO
EL MAYOR CIRCO DEL MUNDO
en su vida

enemigues creen sucursals marineres. Amb el temps, però, els nuclis de mar creixen més que els de l'interior. Ara és perceptible la tendència a unir-se tots, i el Maresme pot convertir-se en un apèndix barceloní.

No oblidem que el trajecte Barcelona-Mataró ha vist el primer ferrocarril i la primera autopista...

EL VALLÈS

«Com el Vallès no hi ha res», afirma la dita. Però cal aclarir que de Vallès n'hi ha dos, l'oriental i l'occidental. L'oriental és presidit per Granollers, i l'occidental per l'enorme aglomeració de Sabadell i Terrassa.

Simplificant, es pot dir que hi ha un Vallès industrial, doncs, i un Vallès agrícola. És veritat, però no és tota la veritat. La concentració industrial Sabadell-Terrassa —una de les primeres de la península, i la primera en el ram tèxtil— es un fenomen capaç de definir una comarca. Afegim-hi encara Rubí i la línia de Montcada a Sabadell, afavorida per l'autopista. Un cop acceptat aquest caràcter dominant, recordem que a la part nord de la comarca, Sant Llorenç Savall, Gallifa i Caldes de Montbui tenen un altre aire, i que també era pagesa, fins fa poc, la riera de Caldes, urbanísticament amenaçada.

En aquest Vallès Occidental hi ha monuments artístics tan excepcionals com el monestir de Sant Cugat i les bellíssimes esglésies visigòtiques de Terrassa, amagades al cor de la ciutat.

El Vallès Oriental és agrícola, i Granollers el seu símbol i el seu mercat. Granollers ocupa des dels temps més antics un centre importantíssim de camins, i la relació amb Barcelona no li ha restat vitalitat; això prova la solidesa del seu paper comarcal. És el Vallès dels quadres a l'oli, amb una mica de tot: un bosquet, uns camps, un paller, un rierol...

Els tres eixos bàsics de la comarca són Granollers-Aiguafreda, Granollers-Sant Celoni i Sant Celoni-Montseny. S'hi troben indrets tradicionals d'estiueig, però encara que ha començat més tard que el seu bessó occidental, aquest Vallès també s'industrialitza. A més de Granollers, els dos punts més actius, des d'aquest punt de vista, són als extrems de la comarca —Mollet i Sant Celoni—, però de fet tot el trajecte de l'autopista ha modificat, també aquí, el panorama.

EL BAIX LLOBREGAT

El Baix Llobregat, que sempre havia estat un lloc de pas, ara s'ha convertit, a més, en un lloc d'estada. Sant Feliu, la capital històrica, ha estat àmpliament superada des del punt de vista d'habitants per Cornellà, Gavà, el Prat... Com que la invasió s'ha produït en pocs anys, el caos que en resulta és extraordinari. El Baix Llobregat ha estat víctima, de retop, de la incapacitat de Barcelona per a absorbir la massa d'immigració. D'altra banda, la saturació del terme barceloní ha fet que la indústria s'implantés en un delta que era una explotació agrícola molt valuosa.

Una altra revolució s'ha presentat recentment a Martorell —allà on el riu passa el congost i inicia el delta— i és previsible que aquest altre focus d'industrialització provocarà onades cap avall i cap amunt; les primeres costes que s'enfilen cap als Brucs són, de moment, un límit a la densificació.

No fa molts anys, el Baix Llobregat era l'horta de Barcelona. Encara produeix, i força, perquè és un terreny de molt rendiment, però és possible que les hortalisses, els préssecs i les prunes, els melons, les cireres i els albercocs del Llobregat es converteix aviat en un record, o en un luxe cada vegada més difícil de satisfer, i més car.

Barcelona, des dels quatre punts cardinals centrats a la plaça de Cataluña (pàgina anterior) és gent, gent que es manifesta, que bada quan passa alguna cosa —per Corpus, per la Fira del Llibre, pel que sigui—, gent que seu a la Rambla a mirar la gent...

CONCENTRACIÓ HUMANA

L'any 1970 el municipi de Barcelona tenia una densitat de 17.663 habitants per quilòmetre quadrat, o sigui que superava més de cent vegades la mitjana de Catalunya (153'8 habitants). El detall, el mateix any 1970, de les comarques reunides en aquest capítol és el següent:

Comarca	*Hab. per Km.*^{2}
Barcelonès	*14.746*
Baix Llobregat	*739*
Vallès Occidental	*733*
Maresme	*480*
Vallès Oriental	*180*

En aquesta àrea hi ha una colla de ciutats que tenen una població molt superior a la de moltes capitals de comarca: L'Hospitalet (242.000) (1970), Badalona (163.000), Santa Coloma de Gramenet (107.000), Cornellà de Llobregat (70.000), Sant Boi (50.000), El Prat (37.000), Esplugues (30.000), Rubí (26.000), Viladecans (25.000), Sant Adrià (25.000), Gavà (25.000), Montcada (23.000), Mollet, Sant Cugat (21.000), Ripollet, Cerdanyola (20.000), etc.

Un altre aspecte és l'acceleració de la creixença. Entre els 15 anys que van de 1950 a 1965, l'augment de densidtat de població de l'àrea de Barcelona és superior a d'altres grans concentracions mundials: zona del Ruhr, la més poblada d'Alemanya: 24 %; zona de París: 26 %; zona de Los Angeles, Estats Units: 70 %; zona de Sao Paulo, Brasil: 109 %; zona de Caracas, Veneçuela: 126 %. L'augment de l'àrea barcelonina arriba al 130 %.

«L'ou com balla» és un esdeveniment en la diada de Corpus, en la qual el poble hi pren part amb la seva presència, foto a dalt.

Així també, la Fira del Llibre forma ja part de la vida ciutadana de Barcelona, foto al peu.

Encapçala aquesta columna un dels grans blocs de cases a Bellvitge.

Un carrer de la Barcelona vella, on les plantes i la roba s'esforcen a xuclar la mica de sol que hi arriba.

A l'esquerra, dues reunions tradicionals de barcelonins. Un cop a l'any, la fira de Sant Ponç, al carrer de l'Hospital; un costum antiquíssim que cada vegada té més d'èxit, triomf espectacular de la mel, la fruita confitada i les herbes aromàtiques o remeieres. I la trobada dels filatèl·lics, diumenge al matí, a la plaça Reial.

Manifestació anti-nuclear, a Barcelona, amb motiu de la Diada Mundial del Medi Ambient.

La Guàrdia Urbana a cavall ha representat Barcelona en molts esdeveniments internacionals.

Doble pàgina anterior: Balcons de veïnat, amb una història diferent darrera de cada persiana. Una escala, per a anar cap amunt, i una bicicleta, per a anar cap enllà, semblen els símbols d'un desig de buscar més aire.

A la dreta: el Modernisme és el gran moviment artístic català que defineix les darreries del s. XIX i els començaments del s. XX. A més dels edificis de Domènech i Montaner, Puig i Cadafalch, etc., és un estil present a les façanes de les botigues, mobiliari, arts gràfiques, etcètera.

Doble pàgina següent: manifestació popular a la plaça de Sant Jaume.

ANTIGUA CASA FIGUERAS

PER UNA GENERALITAT
AL SERVEI DEL POBLE
TOTS UNITS PER L'ESTATUT
COMITE CENTRAL DEL PARTIT DEL TREBALL DE CATALUNYA
FEDERACIÓ DE CATALUNYA DEL PTE
PER UN ESTA
TREBALLADO
PER L
DE CA
NO ALS
MUNICIPAL

SERVEI DELS
PSAN
IMMEDIATES AL PARLAMENT
LECCIONS
NO A LA CONSTI
CCS
VOLEM ELECC
BERTAD Y ESTATUTO
PER EL P
L'AUTONO

A dalt: monument a Colom, silueta característica del port de Barcelona.

Dos aspectes de la magnífica obra gaudiniana. A l'esquerra, detall de la Casa Batlló, un clar exponent de l'estil modernista d'Antoni Gaudí, i a la dreta, vista aèrea del Temple de la Sagrada Família.

Pàgina següent: aspecte majestuós de la Catedral de Barcelona, monument del gòtic català, que sobre la vella catedral romànica fou començada a construir a fi del s. XIII. És d'una bellesa extraordinària i presideix un barri estimat pels barcelonins.

L'església del Pi, situada al cor de la Barcelona antiga.

Al peu, el Passeig de Gràcia, on fa uns quants anys s'hi passejava tranquil·lament, és avui una artèria de la ciutat plena de bullici.

El monument a Rafael Casanova, conceller en cap de Barcelona i que fou ferit en el baluart del Portal Nou, defensant la ciutat de les tropes de Felip V, l'onze de setembre de 1714. És el símbol de les llibertats de Catalunya.

A la pàgina següent un Mosso d'Escuadra, figura representativa d'un cos únic.

A la pàgina 72, una bella imatge d'un artesà ceramista, exponent d'un art que encara perdura. I a la pàgina 73, a dalt, entrada del Museu Picasso i al peu, una imatge de la Rambla.

DOS MUSEUS EXCEPCIONALS

Entre tots els museus de Barcelona, n'hi ha dos que cal citar per la seva importància.

El Museu d'Art de Catalunya, a Montjuïc, dedicat principalment a l'art medieval, és el més ric del món en pintura mural romànica. Són peces mestres, moltes de les quals han estat traslladades de les esglésies pirinenques. Hi destaca el conjunt procedent de Taüll. També són molt notables les obres gòtiques: Huguet, Dalmau...

El Museu Picasso, al carrer de Montcada, acull la col·lecció més completa que avui es pot veure d'aquest artista, que l'any 1970 donà més de mil obres a Barcelona.

Dos museus, doncs, que posen Barcelona en un lloc destacat en el panorama museístic universal.

Pàgina anterior: monument als Màrtirs de la Independència, tocant a la Catedral.

A l'esquerra, escolars a la fira de Santa Llúcia, i el Sant Jordi de Josep Llimona als jardins de Montjuïc, al peu, a l'esquerra.

El port ha estat sempre un centre d'esbarjo popular.

Doble pàgina següent: els ciclistes enfilant-se cap a Montjuïc, en una de les curses més importants de l'any, i que forma part dels grans esdeveniments esportius que se celebren a Barcelona.

RELOJ
FESTINA
RELOJ
FESTINA

FESTINA
FESTINA
MORITZ
FESTINA
MOLTENI

MONTSERRAT

El massís té uns 10 quilòmetres de llargada i uns 5 d'amplada, i el cim de Sant Jeroni 1.224 m. d'altitud. El monestir es troba a 720 m.

El seu perfil és inconfusible, i presideix els paisatges de l'Anoia, el Bages i el Baix Llobregat. Les seves coves han estat habitades en temps prehistòrics.

La dimensió religiosa de la muntanya ve donada per l'existència del monestir i del santuari, que té origen en la donació que —fa més de mil anys— els comtes de Barcelona van fer de quatre ermites al monestir de Ripoll. El primer monestir ha evolucionat fins a la construcció actual, que conserva en una paret la portada romànica de l'església del s. XII i part del claustre gòtic. La basílica fou consagrada el 1592, l'atri és del s. XVIII i la façana principal correspon a la postguerra del 39. La popular Moreneta és una talla romànica.

S'hi apleguen moltes obres de grans artistas catalans, la biblioteca té un valor universal i Montserrat és un nucli d'investigació i de cultura únic a Catalunya. Ha reunit sempre una doble significació popular: com a centre de devoció i com a punt de referència de la catalanitat.

Pàgina anterior: barques a Arenys de Mar i el Pont del Diable, a Martorell, testimoni de les antigues vies de comunicació.

Una de les magnífiques esglésies de Terrassa i vista del Vallès, amb l'Aero-Club Barcelona-Sabadell i aquesta ciutat, emboirada, al fons.

A dalt, una coneguda imatge del Monestir de Montserrat.

EL MONTSENY

El Montseny és una mena de frontissa de tres comarques, cada una de les quals s'enfila per un dels vessants: Osona, La Selva i el Vallès Oriental. Tal com hem distribuït aquest llibre, el Montseny és en la confluència de la Catalunya central la regió de Girona i la regió de Barcelona.

El Turó de l'Home, Matagalls, les Agudes i el Pla de la Calma són les fites d'altitud més importants i conegudes. És un massís no tan sols notable per ell mateix, sinó especialment interessant per la seva situació, tant al sud. Això li dóna un relleu considerable en mig d'unes terres més aviat planes, i com que diverses zones i ciutats intensament poblades li queden a prop es pot dir que el Montseny és un veritable regal de la naturalesa a tota aquesta àrea de Catalunya.

El Montseny és una lliçó viva de botànica, perquè aplega una vegetació molt rica i molt diversa: alzines, pins, àlbers, roures, faigs i fins i tot avets, en una gradació —segons l'altitud— que va de la vegetació mediterrània a la subalpina.

Hi ha punts que tradicionalment són centres d'estiueig, i la literatura catalana ha recollit el tema del Montseny en diverses obres de qualitat.

Pàgina anterior: Santa Fe del Montseny.

A dalt, a l'esquerra, el Monestir de Pedralbes, a Barcelona, i al peu, el monument a Josep Anselm Clavé a l'Hospitalet de Llobregat.

A dalt, un petit racó del Montseny, ple d'una naturalesa viva i palpitant.

DEL PENEDÈS AL PRIORAT

GARRAF • ALT PENEDÈS • BAIX PENEDÈS • CONCA DE BARBERÀ • ALT CAMP • BAIX CAMP • TARRAGONÈS • PRIORAT

Anem a fer un passeig des de les portes de l'àrea barcelonina —és a dir, des de l'Ordal i les costes de Garraf— fins a tocar la regió de l'Ebre. La major part d'aquestes terres tenen en comú que pertanyen a la depressió prelitoral, llevat del Garraf. El Garraf és una comarca peculiar —i petita— que hauriem pogut incloure en la regió de Barcelona, amb la quai té força relació (pensem en Sitges i Vilanova) a desgrat de la barrera física, però tradicionalment el Garraf és considerat la façana marítima de l'Alt Penedès, i ho hem deixat així.

A tall de resum, Sitges és l'estiueig i el turisme, Vallcarca el port i el ciment, Vilanova la indústria i la pesca i la Geltrú i Sant Pere de Ribes l'agricultura. La reduïda comarca del Garraf, doncs, té uns ingredients prou variats. El pare del Garraf, però, és el massís, sense el qual aquest litoral seria francament penedesenc; alguns geògrafs afirmen que el Garraf és una subcomarca del Penedès.

Però jo veig el Garraf amb molta independència, potser perquè no és fàcil entrar-hi. Des de Vilafranca cal passar les muntanyes, que fan realment de frontera, i des de Barcelona hi ha les costes. He dit en un altre lloc que les costes de Garraf han estat decisives per a Sitges; si no hi fossin, Sitges seria una platja més, i Castelldefels s'hauria estirat fins a enganxar-s'hi. Una de les gràcies de Sitges és que apareix després de la duresa, la incomoditat i la sensació d'aïllament que provoquen les costes de Garraf, i per tant se'ns presenta com un contrast acollidor.

A les Costes el mar és un panorama, a Sitges una platja, i a Vilanova una eina de treball.

EL PENEDÈS

L'itinerari del Penedès al Priorat, passant per Tarragona i el seu camp, té una mena de fil conductor: el vi.

El vi del Penedès, però, té una importància relativament moderna; fins al segle passat la producció era purament familiar, i el conreu majoritari de la comarca eran els cereals. La vinya va fer una aparició ràpida i espectacular, i la seva expansió és afavorida per l'aparició a França de la fil·loxera, que obligà els francesos a comprar vi català. És el gran moment econòmic —i cultural— de Vilafranca. Quan la fil·loxera es presentà també al Penedès les coses van canviar, però els penedesencs han estat molt tossuts i han aconseguit, a desgrat de les contínues dificultats, mantenir l'explotació vinícola.

La història moderna del Penedès és la història de les peripècies del vi, encara que la indústria ja hi fa acte de presència; destaca el ciment, a Monjos, i dins la diversificació cal assenyalar la preponderància de la indústria relacionada amb l'agricultura. Una de les característiques de la comarca és la concentració xampanyera a Sant Sadurní d'Anoia.

Se sol distingir l'Alt Penedès i el Baix Penedès, encapçalats per dues ciutats que tenen una gran força d'irradiació: Vilafranca i El Vendrell. Vilafranca —on hi ha el Museu del Vi— és una ciutat de gran significació en la història de Catalunya; s'hi van celebrar Corts i hi morí Pere III. Té palaus, esglésies i monuments notables, i celebra l'anomenada «Festa Major més típica de Catalunya».

El Vendrell ha conservat el seu caràcter tot i trobar-se en un nus estratègic de comunicacions, i la influència del turisme. Molt a prop hi ha la zona d'estiueig, en ple progrés, de Cunit, Calafell, Sant Salvador —amb la casa-museu de Pau Casals— i Comarruga.

TARRAGONA I EL SEU CAMP

Tarragona, capital de la província romana Tarraconensis, ha estat una de les ciutats més importants de la península. Però abans dels romans ja era un nucli conegut. La seva història és dramàtica, ha estat destruïda cinc vegades. És encara, però, una ciutat monumental, amb el Passeig Arqueològic, l'amfiteatre, la catedral i una colla d'obres arquitectòniques excepcionals; l'itinerari històrico-artístic comprèn, més enllà de la ciutat, l'aqüeducte, el Mèdol, la torre dels Escipions... El seu port és el segon de Catalunya. La comarca estricta de Tarragona, el Tarragonès, és una franja orientada cap a mar, que pel sud arriba fins a Salou i ara és turísticament molt activa.

Al nord i a ponent hi ha el Camp de Tarragona, que presenta una distinció arrelada: Alt Camp, capital Valls, i Baix Camp, capital Reus. Tarragona, Valls i Reus, vet-aquí tres poblacions amb molta empenta i perfectament diferenciades. Aquesta regió tarragonina, que com és natural té una base agrícola, ha experimentat des de fa poc temps un procés d'industrialització molt intens, que està modificant l'estructura econòmica, social i fins i tot paisatgística de l'àrea. Alguna d'aquestes instal·lacions és discutida amb sòlides raons, però és un fet que aquestes tres comarques es troben en expansió.

Valls té un aire de capitalitat pagesa, però enganya, perquè no és simplement una plataforma de recepció comarcal, sinó un centre d'iniciatives que no han parat al llarg de la història. Són famoses les festes de la Candela —els anys que acaben en 1— i els Xiquets de Valls, bressol de tot el moviment casteller català. Reus, capital comercial, és el veritable punt d'atracció d'una sèrie de terres que es troben —sobretot cap a ponent— molt més enllà de la seva comarca.

Tarragona i el Camp, doncs, fan en aquests moments, en la Catalunya del sud, un paper semblant al de l'àrea de Barcelona. La demografia —a la plana hi ha immigració— i la concentració industrial augmenta, i caldrà vetllar perquè el progrés sigui encarrilat i no provoqui efectes negatius.

CONCA DE BARBERÀ

Aquí «conca» expressa realment la idea de recipient o de cassola, perquè la comarca és tancada en gran part per muntanyes, com la serra de Prades, la de Queralt, la de Prenafeta. Els camins del nord i del sud són els més transitables, i assenyalen la via natural de comunicació directa entre Tarragona i Lleida. L'autopista ha aprofitat el pas per la punta sud de la comarca, i qui sap si aquest nou sistema, i més còmode, de penetració en la Conca de Barberà afavorirà el desenvolupament comarcal, que en general es troba aturat. Fins ara, la Conca ha estat bàsicament una comarca agrícola, i els esforços cooperativistes no han pogut fer miracles, tot i la seva tenacitat, amb els recursos disponibles i l'arraconament de la comarca.

Montblanc és el punt de confluència de tots els camins de la conca, i «la vila de més nobilitat de Catalunya, enlairada per prínceps i reis». La seva «tarjeta de visita» històrica més espectacular són las seves muralles, construïdes a mitjans del s. XIV. De les 34 torres originals només se'n conserven la meitat, però aquest «només» ja és prou per a fer una gran impressió. Montblanc és un monument excepcional, i no tan sols per les muralles; dins el seu recinte hi ha moltes coses que val la pena de veure, i jo diria que fins i tot cal viure-les, perquè a més de les pedres nobles hi ha l'ambient dels carrers. L'ametlla de la comarca ha donat una especialitat de pastisseria: els «montblanquins» o «merlets».

A la Conca de Barberà hi ha dues poblacions més que cal visitar: l'Espluga de Francolí, camí de Poblet —del monestir en parlem en un text apart—, que també té edificis històrics i un nou Casal de l'Espluga, centre d'activitats, i Santa Coloma de Queralt, que de fet pertany a la Segarra, però que la Divisió Territorial a què ja ens hem referit altres vegades va incloure en la Conca de Barberà pels seus lligams comercials amb l'àrea tarragonina. Santa Coloma és una vila molt atractiva, urbanísticament, amb l'encant de ser el cap d'una mini-comarca.

EL PRIORAT

Arribem al capdavall de «l'itinerari del vi» —del Penedès al Priorat—, a tocar ja la regió de l'Ebre.

El Priorat és, històricament, l'antic domini de la Cartoixa de Scala Dei, avui en runes. Això ha provocat discussions sobre els límits de la comarca, que administrativament és considerada més extensa que l'antic domini prioral. D'altra banda hi ha el criteri vinícola; des d'aquest punt de vista, el Priorat és una zona oficialment delimitada, que recull nomes uns quants pobles de la comarca, en els quals es produeix el vi tipificat com a «priorat».

El Priorat és una comarca que presenta un despoblament progressiu i molt intens, a conseqüència de la seva dependència de la vinya, que va ser afectada per la fatídica filloxera. Amb una gran fe, l'home construí en el difícil terreny prioratí marges i bancals, i no ha tingut el premi que es mereixia. Salvant Falset y Cornudella, que presenten una certa animació, la comarca no acaba de trobar la manera d'aturar la davallada. L'atracció de Reus, d'altra banda, és forta.

A la pàgina anterior, vista parcial del monestir de Poblet, una peça fonamental en l'art i en la història de Catalunya.

Dues imatges poc freqüents de la ciutat de Tarragona.

Vista general de Sitges, i —en la foto inferior— espectadors de la processó de Corpus sitgetana.

A l'esquerra, platja i castell de Tamarit.

Pàgina següent: adobant les xarxes. La indústria de la pesca sobreviu tossudament en alguns ports de la costa tarragonina.

TA 3-1968

Sobre aquestes ratlles, el Palau Reial a Vilafranca del Penedès és un edifici gòtic convertit actualment en Museu.

La Mussara (Baix Camp), prop dels mil metres d'altitud, és un exemple de tants pobles muntanyencs que han estat progressivament abandonats.

Hi ha indrets on el vi és elaborat encara d'acord amb les formes més tradicionals.

Al peu: detall del monestir de Santes Creus.

Pàgina següent: parada de mercat a Reus.

POBLET I SANTES CREUS

Els monestirs de Poblet i Santes Creus es troben a poca distància i poden visitar-se en un sol dia. És una aproximació incomparable a l'art i a la història de Catalunya.

Santa Maria de Poblet, a la Conca de Barberà, existia ja el segle XII i adquirí ràpidament molta importància en convertir-se en el panteó dels reis de la Corona d'Aragó. L'abad de Poblet exercí una gran influència sobre moltes terres i pobles, i al llarg dels segles el monestir s'enriquí amb tots els estils arquitectònics; la gran època, però, és la medieval. Després de la gran destrucció de 1835, i el saqueig de molts anys, ha estat reataurat. No es pot fer inventari de totes les meravelles que hi ha dins el mur de prop de dos quilòmetres: la Porta Daurada, la plaça Major, la Porta Reial, els sepulcres, el claustre, la Sala capitular.

El monestir de Santes Creus, tot i que és menys impressionant, ofereix també innombrables atractius, no tan sols per als amants de l'art; l'ambient del seu recinte captiva la sensibilitat i evoca admirablement l'atmosfera medieval.

El Rourell, a l'Alt Camp, i l'església de Siurana dalt el roquissar. Foto inferior: explotació agrícola prop de Reus.

Pàgina següent: les mans dels qui formen la «pinya» s'afanyen a consolidar l'arriscada i bellíssima arquitectura humana dels castells.

REGIÓ DE LLEIDA

SEGRIÀ • URGELL • GARRIGUES • NOGUERA

D'aquestes quatre comarques —el Segrià, l'Urgell, les Garrigues i la Noguera— se'n pot dir la regió de Lleida en homenatge a la capital ponentina de Catalunya, la capital de la «terra ferma», segons l'expressió clàssica. Els lligams entre els habitants d'aquestes terres i la ciutat de Lleida són antics, i evidents.

Des del punt de vista geogràfic, les comarques que reunim en aquest capítol constitueixen la Catalunya continental, i als lectors no especialitzats caldrà explicar que això vol dir que ja no som en un món típicament mediterrani, sinó «interior», amb un paisatge i un clima molt més radicals. Els hiverns són molt freds, i els estius extremadament calorosos. Llevat de la zona superior de la Noguera, el terreny és pla, la superfície plana més extensa de Catalunya. I en general eixuta, i amb poca vegetació important, perquè la pluja és mínima.

L'URGELL

Si diem que aquest nom s'ha donat a la comarca administrativa regida per Tàrrega, no ens equivocarem. Si ens posem a analitzar quins són els límits naturals de «l'Urgell», ens trobarem amb molts malsdecap. Perquè l'Urgell s'ha convertit —i per això ho hem escrit abans entre cometes— en una mena de marca, que d'alguna manera expressa riquesa i prosperitat, perquè en aquesta Catalunya àrida significa «aigua». I resulta que una part de la comarca de l'Urgell és seca, i que fora dels límits administratius hi ha terres regades pel canal d'Urgell i revindiquen aquest nom.

El canal ha estat una revolució en aquesta zona de la Catalunya continental, però una revolució que s'ha fet esperar molt. El primer projecte seriós és de l'any 1749, però la construcció del canal no va ser autoritzada fins al 1853, o sigui més d'un segle més tard! El canal d'Urgell és una obra tècnicament molt complicada i molt important, i ha produït un desequilibri lògic: la part que continua essent de secà s'ha anat despoblant i endarrerint en relació amb la part regada.

Dins la comarca de l'Urgell hi ha una zona tradicionalment diferenciada que rep el nom de Ribera de Sió, presidida per Agramunt. També s'hi troba Verdú, cèlebre pels càntirs i la terrissa en general. La capital de l'Urgell és Tàrrega, situada en un nus de carreteres que aquí fan una creu perfecta: l'eix Barcelona-Lleida i l'eix Tarragona-Pirineu, i encara va a parar a Tàrrega el ramal de Balaguer. Això fa que Tàrrega sigui un centre comarcal —i fins i tot extra-comarcal— molt actiu. La majoria de catalans només coneixen de Tàrrega la façana de la carretera, i ignoren que a la part vella de la ciutat hi ha recons molt bonics.

LA NOGUERA

A la Noguera hi ha dos sectors clarament definits: al sud de Balaguer, que és la capital, i al nord de Balaguer. La part baixa de la comarca s'emparenta amb l'Urgell que acabem de citar, i amb el Segrià. És una terra agrícola, llisa i en part regada. De mica en mica el nivell va pujant, a vegades com si fossin replans, i canvien els conreus, el color i la densitat dels pobles.

Al nord de Balaguer comença la muntanya, cada vegada més majestuosa i més solitària. Ens enfilem cap al port d'Àger. Quan arribem a dalt ens espera una panoràmica esplèndida sobre la vall d'Àger, als nostres peus, i al davant s'alça la paret del Montsec, nua i bella, imposant, que només ens oferirà l'estret pas de Terradets si volem seguir cap al Pallars. En aquesta Noguera alta hi ha un seguit de preses i centrals hidroelèctriques, entre les quals la famosa de Camarasa.

El blat és el símbol de la més antiga voluntat humana: fer fructificar la terra.

Artesa de Segre i Balaguer, al peu de carreteres transitades, són nuclis amb força vitalitat, i contrasten amb l'abandonament de la zona més muntanyosa. Balaguer recull part d'aquesta emigració i exhibeix un aire molt decidit de capital comarcal. Balaguer és la capital de l'antic Comtat d'Urgell, i amb això està dit que el seu paper històric ha estat excepcional; ens el recorda, en certa manera, l'ordenació medieval dels seus carrers. La plaça del Mercadal, ampla, ordenada, realment popular, és una merevella.

LES GARRIGUES

L'aigua és també a les Garrigues un element descriminador: una petita part de la comarca veu passar, i aprofita, el canal d'Urgell, però la resta ha quedat submergida en una eixutesa crònica. Han passat els segles i les Garrigues no s'ha pogut treure la pols de sóbre, i els ermots dominen sobre els conreus.

En un moment determinat, a començament de segle, semblà que l'oli de les Garrigues, el famós «oli de Borges», podia fer tombar la comarca cap a un progrés estable. No ha estat així, i no pas per culpa de l'oli, que té una qualitat indiscutible, sinó a causa del cost de la recol·lecció de l'oliva, el progrés tècnic —gràcies al qual poden refinar-se olis inferiors— i la competència amb olis d'un altre origen: cacauet, gira-sol, soja. S'ha inventat un oli molt finet, gairebé transparent, però jo encara sóc partidari de l'artesà oli de les Garrigues, dens, saborós i mediterrani.

A més de les Borges Blanques, la capital de les Garrigues, hi ha d'altres poblacions que compten, especialment en la part regada de la comarca: Juneda, Torregrossa, Arbeca, que ha donat nom a les famoses olives arbequines... Jo he visitat aquests pobles els dies de festa major. A la regió de Lleida, les festes majors es poden classificar en dos grups claríssims: les de secà i les de regadiu. En aquesta mena de romboide que dibuixen Balaguer al nord, Les Borges al sud, Tàrrega a l'est i Lleida a l'oest, que és el romboide de l'aigua, les festes majors són habitualment molt importants. Com se sol dir, llencen la casa per la finestra. Els pobles grans la fan grossa, com és natural, però fins i tot els pobles de Les Garrigues que pertanyen a aquest espai organitzen una festa que, en relació amb la zona seca, és un indici de prosperitat.

EL SEGRIÀ

El Segrià és el nom donat a la comarca encapçalada per la ciutat de Lleida, i no coincideix exactament amb l'anomenat popularment Pla de Lleida. De tota manera, el terreny sol ésser pla en una bona part de l'extensió comarcal.

L'horta lleidatana ha adquirit un gran prestigi a tot Catalunya. Sempre n'hi ha hagut, d'horta, i al voltant de la capital les tradicionals «partides» acrediten l'ocupació i l'explotació del camp. El que passa és que ha canviat el signe d'aquesta explotació, que ha passat del secà al regadiu, cada vegada més intens, i s'ha especialitzat en la fruita. Les característiques de la plana lleidatana han afavorit la mecanització del camp i el rendiment de la superficie ha augmentat en pocs anys.

Cal afegir-hi d'altres iniciatives que han donat un gran

A la riba del riu Corb, Guimerà té el pintoresquisme de l'antic poble murallat i conserva ermites, convents i festes típiques.

resultat, com el cooperativisme i la instal·lació dels magatzems frigorífics. La possibilitat de conservar la fruita ha estat una arma de gran valor econòmic. Els factors de crisi poden ser el cost de la comercialització de la fruita —el transport és car, es fa malbé— i la difícil lluita en el mercat internacional.

Sigui com sigui, el Segrià és una comarca amb una vitalitat ascendent. Nombroses poblacions han multiplicat el seu cens d'habitants, i un dels casos més espectaculars és el de Mollerussa, que s'ha convertit en un nucli que «capitaleja», per dir-ho així, i reclama una jurisdicció pròpia dins les tradicional comarques de la regió de Lleida.

Al costat de l'expansió de l'horta, d'altres factors han ajudat al notable progrés de la comarca del Segrià: la moderna implantació d'indústries —que presenten un ventall molt més ampli que les simplement derivades de l'agricultura— i la recepció de milers d'emigrants, en part procedents de les terres més desagraïdes de les comarques veïnes.

La capital del Segrià, Lleida, és una plataforma destacada d'aquesta evolució. Hi dedicarem unes ratlles en un text independent.

Castelló de Farfanya, amb el seu antic Castell i restes de les muralles que fan pensar amb un gran passat històric.

La rosella és el contrapunt de color dels camps i l'aire dóna una suavíssima mobilitat d'onada als camps de blat, pàgina següent.

Claustre del monestir de Vallbona de les Monges i un carrer de Juneda, foto superior.

Tàrrega, foto al peu, ciutat agrícola i comunal, plena de vitalitat.

A la pàgina següent, el canal d'Urgell prop de les Borges Blanques.

Pàgina anterior: un aspecte del claustre de la Seu Vella de Lleida, restaurada després d'haver estat maltractada molt de temps.

A l'esquerra, església romànica de Vallfogona de Riucorb i plaça de Bellpuig, al centre, a la dreta.

A l'esquerra, vista de Balaguer.

A l'esquerra, vista de Lleida

Encapçala aquesta columa el campanar de la Seu de Lleida, que presideix tot el Pla.

LLEIDA

Quan apareix la silueta de Lleida, dalt del turó —i la Seu Vella es dibuixa com un vaixell encallat en una onada de pedra— es comprèn que aquest indret tan estratègic ha d'haver tingut una història dramàtica: setges, destruccions, ocupacions. Gent de totes les procedències —els ilergets, els musulmans, els cristians— han volgut instal·lar-se aquí, al llarg dels segles, per a dominar el pla.

Part de l'arquitectura històrica lleidatana, doncs, ha estat destruïda, però es conserven algunes esglésies i convents i, posats a resumir, tres obres molt representatives: el que resta del Castell del Rei, o de la Suda, romànic, la Paeria —admirable edifici del s. XIII, *que des de fa sis segles és l'Ajuntament— i la catedral o Seu Vella, extraordinària basílica romànica, amb innovacions gòtiques. El conjunt és monumental, i després d'un llarg període en què fou bàrbarament mutilada —Felip V la convertí en caserna, i va fer aquesta funció fins al 1949— es troba en fase avançada de restauració.*

Cal veure també els carrers antics i l'animat Carrer Major —que és el carrer major de tots els catalans de ponent— i el parc dels Camps Elisis.

REGIÓ DE L'EBRE

RIBERA • TERRA ALTA • MONTSIÀ • BAIX EBRE

La importància del riu Ebre ha creat al seu entorn una regió natural. Una regió, val a dir-ho, que no ha tingut, ni té, unes formes de vida gens fàcils, al revés del que passa amb altres grans rius del món. Jo he seguit tot el curs de l'Ebre, en ciclomotor —des de Fontibre (Santander) al mar— i puc confirmar la duresa dels camins que voregen el riu en una bona part del seu itinerari per Catalunya.

Més que un camí, es pot dir que l'Ebre ha estat sovint un obstacle o una barrera, encara que més que el riu qui en té la culpa és l'esquerp muntanyam que travessa durant força quilòmetres. De tota manera, abans de les modernes comunicacions la via fluvial era la tradicional vall de penetració cap a l'interior, i també de baixada al Mediterrani; en algunes èpoques, el transport per riu va ser prou intens.

RIBERA D'EBRE

Riba-roja, Flix, Ascó, Vinebre, Garcia, Móra d'Ebre es troben riu avall, d'ençà que l'Ebre entra a Catalunya. (Més amunt, a Faió, ja es parla català, encara que pertanyi a la província de Saragossa.) Només molt a prop del riu es veuen hortes, i la resta és terreny de secà, amb oliveres; al segle VI abans de J.C. l'Ebre ja era anomenat «oleum flumen» per aquest motiu.

Flix és el centre industrial més voluminós de la comarca —electricitat, indústries químiques— i això li dona molta vida; un fet semblant ha passat a Riba-roja, però fora dels nuclis que s'han posat al dia encara es pot trobar, en un recó perdut de riu, algun vestigi de la modesta i antiga forma de viure en aquesta Ribera: l'ametlla, la vinya de tossut conreu familiar.

Móra d'Ebre, la capital de la comarca —coneguda també amb el nom de Móra la Vella—, és una població important, amb una notable expansió comercial i industrial, que ha segregat un nucli independent, Móra la Nova, on hi ha l'estació de ferrocarril i tallers de la Renfe. Les dues Móres formen avui una unitat d'atracció molt forta en tota la comarca, i més enllà i tot.

Riu avall apareix Miravet —terrissa—, que està pintorescament emplaçat i conserva un magnífic castell musulmà sobre el riu. Poc després comença el llarg i costerut port de Rasquera, i el riu s'amaga en la fondària.

TERRA ALTA

A ponent de la Ribera, la Terra Alta té un nom molt bonic, però la seva situació és trista: és una de les comarques més empobrides de Catalunya, especialment pel seu aïllament.

La tanquen al sud les serres de Pàndols, de Cavalls i els Ports de Beseits —tràgics escenaris de l'última guerra—, i encara que s'esforça a baixar cap al nord, cap a l'Ebre, no hi arriba i es queda en la seva solitud. Tot i això, històricament la Terra Alta ha estat un territori cobejat, perquè dominava les portes de comunicació entre Catalunya, Aragó i el País Valencià. És un territori feudal, amb una forta presència dels Templers, i després dels Hospitalers de Sant Joan de Jerusalem. També és un paisatge de la guerra carlina, amb l'heroi o bandit Ramon Cabrera, el «tigre» del Maestrat.

La zona més evolucionada de la comarca, com és natural, és la més ben comunicada. Gandesa, capital comarcal, té edificis i monuments notables —d'altra banda, a molts recons de la comarca hi ha elements arquitectònics interessants, encara que fragmentaris— i un sindicat de vi (també a Pinell del Brai) important. El vi de Gandesa, o vi de la Terra Alta, és de forces graus, i això l'agermana amb el vi de l'altra banda de l'Ebre, el del Priorat.

EL BAIX EBRE

El Baix Ebre és, de fet, la comarca de Tortosa. És un espai encerclat de muntanyes —de la serra de Balaguer als Ports de Beseit, i encara la Serra de Cardó— i això ha dibuixat vigorosament la realitat tortosina.

Seguint tot l'Ebre en ciclomotor em vaig trobar que per a acostar-me a Tortosa havia de salvar dos ports molts durs, primer el que em permetia d'entrar a la comarca, per Benifallet, i immediatament el que em barrava el pas cap a Tivenys. Tot aquest sector del Baix Ebre no és gens «baix», des del punt de vista orogràfic, sinó accidentat, i fins i tot quan hi ha plana el riu només aconsegueix animar les seves vores. Davant de Tivenys, a l'altre marge, hi ha Xerta, que té un assut —per a millorar la navegació— construït a començaments del s. XV per Muça Alamí. D'aquí surt un canal de vint-i-set quilòmetres que arriba gairebé fins al mar, i de l'altre marge en surt un altre. Tots dos reguen els arrossars del delta.

A partir de Tortosa el riu troba un camí més obert, i el paisatge —especialment l'agrícola— fa notar la presència de l'aigua.

Tortosa té un terme municipal molt extens, i a part la concentració ciutadana la població està molt repartida en una colla de pobles i agregats, en funció de l'aprofitament del camp. Encara hi he vist algunes velles sínies àrabs, de fusta. La ciutat de Tortosa té uns orígens molt antics: la van fundar els Escipions el s. III abans de J.C., però a l'altre marge del riu ja hi havia una altra població indígena, Ibera, amb la qual els romans volien enfrontar-se. Fou, doncs, una colònia estratègica, comercial i militar. No ha perdut mai aquesta importància, ni en l'època dels visigots —Leovigild la designà cap de Comtat—, ni durant l'ocupació musulmana.

A Tortosa es conserven nombrosos testimonis de la seva història, cases senyorials, edificis gòtics i renaixentistes, i els dos monuments més grandiosos són la vella i imposant fortalesa de La Suda i la vasta Catedral.

Darrerament el litoral del Baix Ebre —a l'Ametlla i en d'altres punts urbanitzats de nova planta— ha començat a ser explotat turísticament.

EL MONTSIÀ

El Montsià és, pràcticament, el territori que hi ha al sud de l'últim curs de l'Ebre. El nom de la comarca ha estat tret del Montsià, una muntanya que perquè arrenca prop del mar i té un perfil molt ardit sembla més alta que no és (672 m.). La zona litoral de la comarca és, naturalment,

L'Ametlla de Mar, port tradicional de pesca, ha vist darrerament l'arribada dels turistes.

la més representativa del que imaginem com a «món de l'Ebre», però a l'interior també s'hi troben poblacions importants, com Ulldecona o La Sènia.

Amposta és un centre agrícola notable, i en el seu terme hi ha moltes granges i la singular pesca fluvial a l'Encanyissada. La capital del Montsià començà, ara fa cent anys, un procés de desenvolupament urbà i econòmic gràcies a les noves comunicacions i la colonització del delta de l'Ebre.

Sant Carles de la Ràpita és una població moderna, que ha fet oblidar el primitiu nucli de pescadors, i presideix el gran port natural dels Alfacs. Sant Carles no és tan sols un port de pesca de gran moviment, sinó una base d'explotacions petrolíferes.

D'aquí fins a la ratlla del País Valencià ha augmentat l'animació turística, i molta gent s'atura a Sant Carles, a Cases d'Alcanar o en d'altres punts de la costa per a provar els llagostins i el marisc.

Hem arribat a la punta meridional del Principat de Catalunya.

Poques imatges tan representatives com aquesta d'un tipus d'arquitectura popular. El carrer Major d'un poble que ja és, només, el testimoni del temps que ha fugit.

Terrasses amb arbres que s'enfilen per les muntanyes del Maestrat.

A l'esquerra, una barcassa a l'Ebre, el riu que en altres èpoques fou una vía fluvial decisiva per al comerç i les comunicacions.

A la pàgina següent, un camp d'userda.

Santuari de la Mare de Déu de la Fontcalda, a Gandesa, i un aspecte de l'erosió fluvial produïda als ports de Beseit.

Conreu de l'arròs al delta de l'Ebre, al peu.

Camí dels ports de Beseit.

Cada cinc anys, els acabats en 0 i 5, hi ha festes populars a l'Ermita del Remei, a Alcanar.

Tortosa, vora l'Ebre, es troba en una estratègica cruïlla de camins.

Un pescador al port de Sant Carles de la Ràpita.

Foto al peu: Riu Ebre i l'illa de Buda al fons.

EL DELTA DE L'EBRE

El delta de l'Ebre, o sigui l'extensió de terra plana que el riu ha anat construint, guanyant espai al mar, és un dels fenòmens geogràfics més notables de la península. Fa segles, doncs, aquesta superfície no existia. L'origen del delta és la quantitat de fang, de pedra i de vegetació que el riu ha arrossegat. Actualment es podria dir que el delta retrocedeix, en gran part a causa dels embassaments; l'aigua baixa amb menys empenta, arrossega menys materials, i hi ha el perill que el mar recuperi terreny i l'aigua salada perjudiqui el conreu de les terres.

L'arròs és el producte principal del delta, però darrerament s'hi obté també cereals, hortalisses, fruita, etc. És molt important com a centre de pesca i de caça, i s'hi troben espècies —ànecs de tot l'any, ocells que hi fan estada en les migracions— que cal que siguin preservades.

L'ametller vesteix de primavera el Camp de Tarragona.

ILLES BALEARS

Les illes Balears són un punt de referència decisiu en el Mediterrani occidental, i fins i tot han donat nom a un mar, el mar Balear, que els romans atribuïen a tota l'extensió d'aigua compresa entre l'Andalusia oriental, la costa africana, les illes de Sardenya i Còrsega i el litoral europeu, del Llenguadoc fins a Múrcia.

La situació estratègica d'aquestes illes —es podria dir que són illes cèntriques i a l'hora molt «aïllades»— ha condicionat la seva història i les seves formes de vida, sobretot durant la colla de segles en els quals les comunicacions han estat difícils.

L'origen dels primers pobladors de les Balears no ha estat gens aclarit, i la cultura que ens ha arribat és la que correspon als talaiots, que són els característics monuments megalítics de les illes. Quan les illes van ser romanitzades, la societat balear era encara força resistent, en el sentit de mantenir costums antics i sovint primitius, fet que d'altra banda era usual en moltes comunitats mediterrànies secularment isolades. Amb els cartaginesos, les Balears es van fer conèixer a tot el Meditarrani gràcies als foners; la fona era l'arma que els indígenes de les illes utilitzaven amb singular eficàcia, i els exèrcits cartaginesos duien foners balears en les seves guerres contra els grecs i els romans.

L'ARXIPÈLAG

És format per les illes de Mallorca, Menorca, Eivissa, Formentera, Cabrera i un gran nombre d'illots. Geogràficament hi ha una distinció clara entre Mallorca i Menorca, d'una banda, i de l'altra Eivissa i Formentera. Aquestes dues són identificades amb el nom de Pitiüses, que té un origen grec, i és a partir de la romanització que la denominació de Balears comença aplicar-se no tan sols a Mallorca i a Menorca sinó a tot l'arxipèlag.

Tot i ésser relativament petites, i no trobar-se gaire allunyades entre sí, aquestes illes són molt diverses, dins un marc general que és evidentment mediterrani, com ho demostra el clima, la vegetació i fins i tot el règim de vents; i encara dins cada illa —especialment a Mallorca— la varietat de paisatges és extraordinària.

FETS DECISIUS

En la història moderna de les Balears hi ha dos fets que marquen profundament la seva evolució: el primer és el millorament de les comunicacions. Les línies regulars de vaixells amb la península —a més dels lligams amb d'altres ports europeus i africans— han influït intensament en l'economia i les formes de vida de les Balears, i darrerament s'hi ha afegit la importància de les comunicacions aèries. És cert que aquesta facilitat de contacte afavorí un corrent d'emigració, i avui es troben «mallorquins» —que és com encara molta gent anomena, impròpiament, la gent de les Illes, sense adonar-se que poden ser menorquins, eivissencs, formenterins— arreu del món. Però aquesta emigració, que resultava negativa per a la vitalitat de les Balears, s'aturà fa uns quants anys, quan el fenomen turístic —que és l'altre fet decisiu— agafà un volumen extraordinari.

Les Balears sempre han rebut forasters, i han estat ocupades pels pobles històrics que hi instal·laven bases militars i comercials. Però deixant de banda aquesta presència, que sovint era violent, les Balears entren en el món modern a través del turisme, que començà, com és natural, d'una manera discreta i ocasional. El que passa és que alguns visitants famosos —com Chopin— i diversos llibres que descrivien la suggestiva realitat balear, com l'obra monumental de l'arxiduc Lluís Salvador d'Àustria, van facilitar el descobriment de les illes, i més concretament de Mallorca, a un sector més ampli de viatgers. És significatiu que ja l'any 1905 es fundés a Ciutat de Mallorca —que és el nom tradicional de la ciutat de Palma— el Foment de Turisme de Mallorca, la primera institució d'aquest caràcter que es creà a tot l'Estat i que ha dut a terme una activitat molt intensa.

Mallorca es converteix ràpidament en un dels centres europeus de visita i estada turística més famosos —i en destí de viatges de nuvis— i en una «marca» internacional que té un gran èxit. Quan fa irrupció el turisme massiu, cap als anys seixanta, el canvi de la situació mallorquina és radical. El turisme esdevé una indústria, que si d'una banda amenaça l'agricultura, augmenta l'especulació i desequilibra la societat, de l'altra fa néixer molts llocs de treball i crea indústries complementàries. El risc és la possible crisi d'un sector tan dominant.

La població, que minvava, creix espectacularment, perquè ara arriben immigrants, però el repartiment de la nova població és desigual: mentre el camp decau, les ciutats i les zones turístiques es fan més denses.

Després del fenomen mallorquí ha aparegut el desenvolupament turístic de les altres illes. L'atracció d'Eivissa és molt forta, i Menorca també comença a desvetllar una gran curiositat. Val a dir que la capacitat de suggestió que tenen les Balears és realment excepcional.

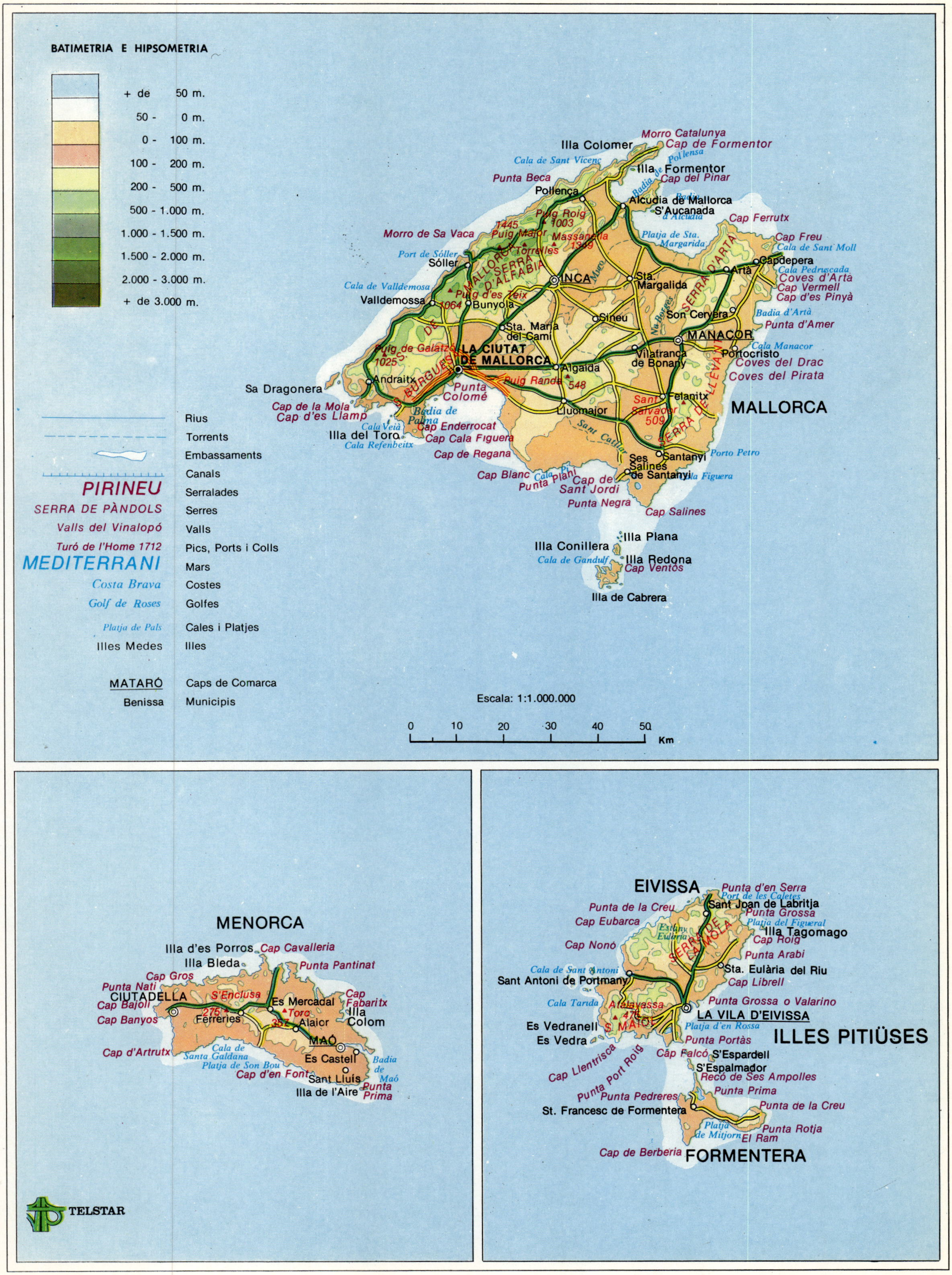
BATIMETRIA E HIPSOMETRIA
+ de 50 m.
50 - 0 m.
0 - 100 m.
100 - 200 m.
200 - 500 m.
500 - 1.000 m.
1.000 - 1.500 m.
1.500 - 2.000 m.
2.000 - 3.000 m.
+ de 3.000 m.
Rius
Torrents
Embassaments
Canals
PIRINEU
Serralades
SERRA DE PÀNDOLS
Serres
Valls del Vinalopó
Valls
Turó de l'Home 1712
Pics, Ports i Colls
MEDITERRANI
Mars
Costa Brava
Costes
Golf de Roses
Golfes
Platja de Pals
Cales i Platjes
Illes Medes
Illes
MATARÓ
Caps de Comarca
Benissa
Municipis
Escala: 1:1.000.000
0 10 20 30 40 50 Km
Morro Catalunya
Illa Colomer
Cap de Formentor
Cala de Sant Vicenç
Illa Formentor
Cap del Pinar
Punta Beca
Pollença
Alcudia de Mallorca
S'Aucanada
Cap Ferrutx
Puig Roig 1003
Morro de Sa Vaca
1445 Puig Major
Massanella 1349
Platja de Sta. Margarida
Cap Freu
Cala de Sant Moll
Port de Sóller
Sóller
Torrelles
INCA
Sta. Margalida
Artà
Capdepera
Cala Pedruscada
Coves d'Artà
Cap Vermell
Cap d'es Pinyà
Cala de Valldemossa
Valldemossa
Puig d'es Teix 1064
Bunyola
SERRA D'ALFABIA
SERRA D'ARTÀ
Sineu
Son Cervera
Badia d'Artà
Punta d'Amer
Sta. Maria del Camí
MANACOR
Puig de Galatzó 1025
LA CIUTAT DE MALLORCA
Vilafranca de Bonany
Portocristo
Cala Manacor
Coves del Drac
Coves del Pirata
Sa Dragonera
Andraitx
Algaida
Puig Randa 548
Felanitx
MALLORCA
Punta Colomé
Cap de la Mola
Cap d'es Llamp
Badia de Palma
Llucmajor
Sant Salvador 509
SERRA DE LLEVANT
Cala Veià
Cap Enderrocat
Illa del Toro
Cala Refenbeitx
Cap Cala Figuera
Cap de Regana
Ses Salines
Santanyi
Porto Petro
de Santanyi
Cap Blanc
Cala Pi
Punta Plana
Cap de Sant Jordi
Cala Figuera
Punta Negra
Cap Salines
Illa Conillera
Illa Plana
Cala de Ganduf
Illa Redona
Cap Ventós
Illa de Cabrera
MENORCA
Illa d'es Porros
Cap Cavalleria
Illa Bleda
Punta Pantinat
Cap Gros
Punta Nati
S'Enclusa
Cap Fabaritx
CIUTADELLA
Cap Bajoli
Es Mercadal
Toro
Illa Colom
Cap Banyos
Ferreries
275
357
Alaior
MAÓ
Cap d'Artrutx
Cala de Santa Galdana
Platja de Son Bou
Es Castell
Badia de Maó
Cap d'en Font
Sant Lluís
Illa de l'Aire
Punta Prima
EIVISSA
Punta d'en Serra
Port de les Caletes
Punta de la Creu
Sant Joan de Labritja
Punta Grossa
Cap Eubarca
Platja del Figueral
Illa Tagomago
Cap Roig
Cap Nonó
SERRA DE LA MOLA
Punta Arabi
Cala de Sant Antoni
Sta. Eulària del Riu
Sant Antoni de Portmany
Cap Llibrell
Cala Tarida
Atalayassa 475
Punta Grossa o Valarino
LA VILA D'EIVISSA
Es Vedranell
S. MAJOR
Platja d'en Rossa
Es Vedra
Punta Portàs
ILLES PITIÜSES
Cap Falcó
S'Espardell
Cap Lientrisca
S'Espalmador
Punta Port Roig
Recó de Ses Ampolles
Punta Prima
Punta Pedreres
Punta de la Creu
St. Francesc de Formentera
Platja de Mitjorn
Punta Rotja
El Ram
Cap de Berberia
FORMENTERA
TELSTAR

MALLORCA

Geogràficament, l'illa de Mallorca presenta uns contrastos sorprenents en un espai que no arriba, en cap direcció, a cent quilòmetres de longitud. Hi ha el pla central i agrícola, les costes, la serra de Tramuntana amb el puig Major, que ratlla els 1.500 metres... Se solen distingir tres zones, que en certa manera serien equivalents a les comarques del Principat de Catalunya: la Mallorca Septentrional, l'Oriental i l'Occidental, amb els centres respectius a Inca, Manacor i Palma o Ciutat de Mallorca. El pes de la capital, però, sobre tot el conjunt, és molt fort.

És impossible d'encabir en unes poques ratlles tots els al·licients de l'illa, des dels paisatges d'ametllers i d'oliveres fins a les cales més amagades, passant pels monuments artístics. Els típics itineraris turístics ho són per una raó: perquè realment val la pena de seguir-los.

Valldemossa, Deià i Sóller, per exemple, són tres punts que justifiquen l'esforç de travessar la serra; la Cartoixa de Valldemossa i el piano que recorda l'estada de Chopin són referències obligades, com ho és la vall de Sóller, amb els tarongers i el port, tan agradable, però és el camí per a anar-hi allò que no podem deixar d'admirar, i els sobtats i grandiosos panorames que proporciona l'abrupta ascensió i la ràpida davallada. Des de Sóller es pot arribar al fantàstic Torrent de Pareis.

Camí de Formentor travessem l'illa per Binissalem —on fan un vi excel·lent— i per Inca, famosa pel calçat i pels cellers. El monestir de Lluch queda ben a prop. Pollença i Alcúdia, d'origen romà, dominen les dues grans badies de l'extrem nord, i les fortificacions i testimonis del passat conviuen amb els nous hotels i restaurants, al llarg d'una extensa platja. Formentor és l'indret turísticament més distingit, i la presència d'artistes i escriptors famosos li ha donat un prestigi que ja ve de lluny.

Si anem cap a ponent, des de Ciutat, podem passar per Sineu, per Petra —on va néixer Juníper Serra, el frare franciscà missioner a Mèxic i Califòrnia— i per Manacor, vila antiga, amb mercat important, coneguda per la indústria del moble i de les perles artificials. És l'itinerari turístic que duu a les Coves del Drac, les Coves d'Artà i les Coves dels Hams.

Però els tres itineraris que hem apuntat no són altra cosa que això, tres itineraris entre les mútiples possibilitats d'exploració de Mallorca: Andratx, Santanyí, Llucmajor, Cala Ratjada, i tants i tants indrets que, lluny dels trajectes turístics, i potser per això, seràn autèntiques revelacions.

I no oblidéssim, és clar, les sopes mallorquines, la sobrassada, les galetes d'Inca i la pastisseria popular de molts indrets, el deliciós tumbet mallorquí a base de vegetals i la incomparable ensaïmada, que té merescudament tants devots.

Pàgina anterior: dues vistes de Sóller i el seu port, un dels punts més visitats de Mallorca.

Sa Calobra i el Torrent de Pareis són un escenari natural que impressiona per la seva nuesa i grandiositat, foto a dalt.

Santa Ponça i el seu port esportiu, al peu.

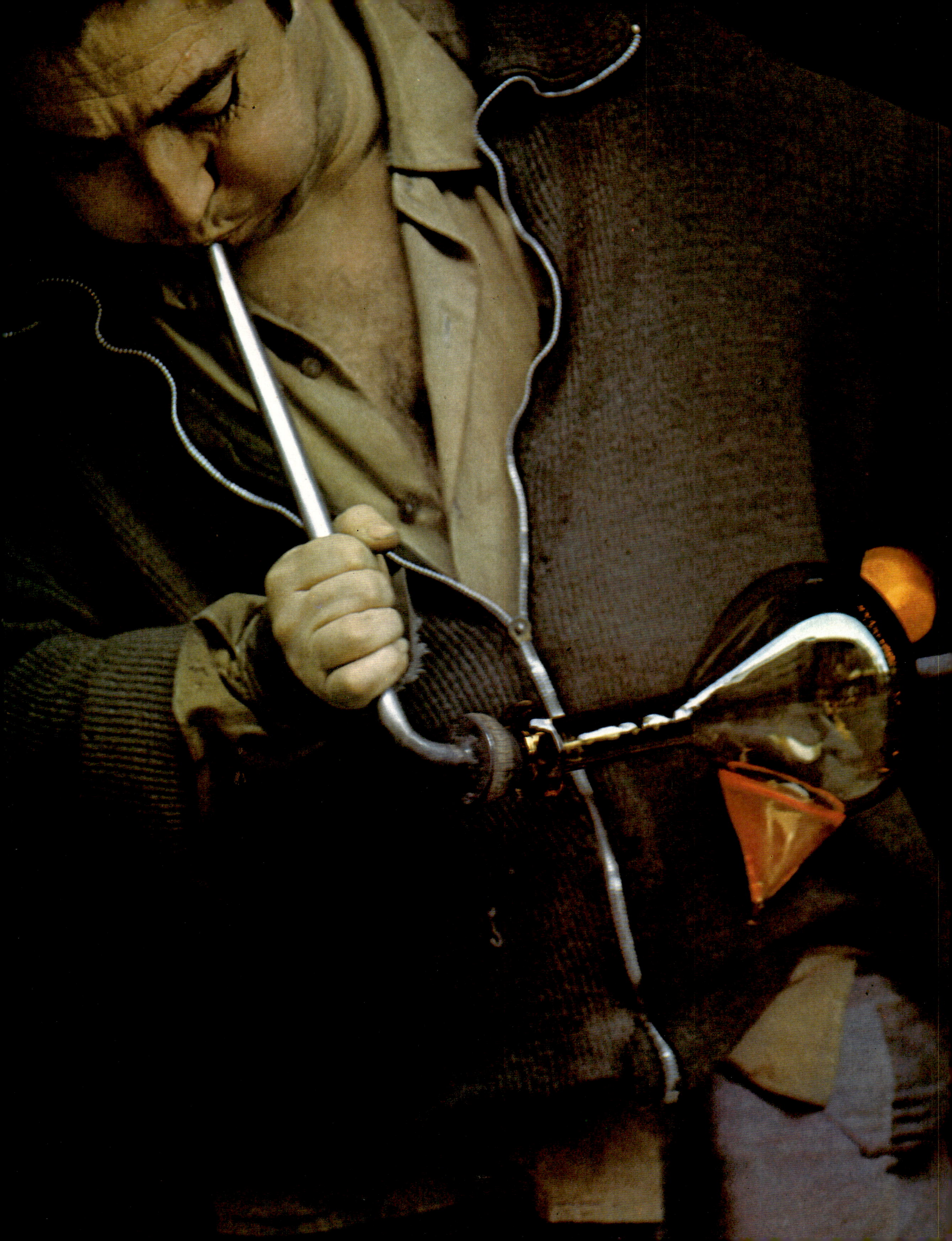

A Mallorca els artesans tradicionals han trobat noves possibilitats en la demanda turística. L'artesania del vidre té un reconegut prestigi, pàgina anterior.
A dalt, una bella panoràmica de la Badia de Palma.

El port de Pollença, punt de cita d'embarcacions d'arreu del món.

Pàgina següent: camperoles, i a la pàgina 123, a dalt, Porto-Colom, i a baix, paisatge prop de Banyalbufar.

ESTURION
PM 2873

CIUTAT

La capital de l'illa ha estat —i és— denominada Ciutat de Mallorques, Ciutat de Mallorca, Mallorca, Palma, Palma de Mallorca... i popularment d'una manera indiscutible: Ciutat. Els mallorquins acrediten així el paper del nucli més important de l'illa, que avui reuneix gairebé la meitat de la població total.

La ciutat antiga conserva la gràcia dels carrers i els palaus senyorials, que tenen un pati que és una delícia de proporcions i de llum. A la banda de mar s'alcen tres edificis d'extraordinària bellesa: la Catedral, el palau de s'Almudaina i la Llotja de Mallorca. Un altre monument inconfusible en el panorama de la ciutat és el castell de Bellver, curiosament circular i voltat de bosc.

El Born i el Passeig Marítim són molt concorreguts, i la creixença turística de la ciutat s'ha efectuat seguint la costa: So N'Armadans, el Terreno, Portopí, d'una banda, i de l'altra cap a Es Portitxol i la Ciutat Jardí. La plaça Gomila, al Terreno, és un centre especialment animat.

La badia de Palma, que és una meravella natural, ha estat transformada per la concentració d'hotels i apartaments.

A Ciutat de Mallorca hi ha una bona col·lecció d'admirables patis senyorials, com aquest de la Casa Oleza.

Encapçala aquesta columna una panoràmica del Castell de Bellver.

MENORCA

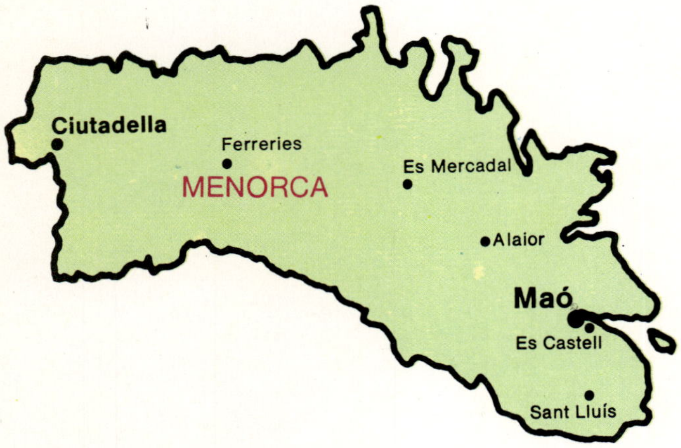

Enfilat en un pujol, Maó contempla el seu port, un dels més protegits del Mediterrani.

És la més oriental de les illes Balears, i això ha fet que tingués intenses relacions amb cultures i influències provinents del nord i de l'est d'Europa. El seu nom actual és derivat del que li van donar els romans, balear *minor* o petita.

Comparada amb Mallorca, Menorca és més plana, i per tant els vents s'hi presenten amb força, especialment la tramuntana. Si la superfície és poc accidentada, en canvi la costa ho és, amb caps, penya-segats i cales estretes, i això dóna a l'illa un perfil de naturalesa verge, que només en alguns indrets l'home ha començat a urbanitzar.

La base econòmica és l'agricultura, normalment de secà, i la ramaderia: hi ha moltes vaques, i el formatge menorquí té una notable producció. També la indústria ha guanyat darrerament posicions, aprofitant una antiga tradició artesana; destaca per damunt de tot la sabateria, generalitzada a tota l'illa, i que en alguns llocs aconsegueix una qualitat internacionalment reconeguda. La fabricació de bijuteria és una altra activitat característica.

El turisme és una manifestació relativament recent, en part perquè fins fa pocs anys les comunicacions de l'illa amb la península han estat molt deficients. Ara hi ha un corrent a favor del descobriment de Menorca —menys coneguda que Mallorca i Eivissa— i si l'ordenació turística es fa d'una manera correcta i respectuosa amb el paisatge es pot aconseguir un equilibri urbanització-naturalesa més agradable que en d'altres indrets massivament explotats.

La capital administrativa és Maó, però a Menorca hi ha una altra capital històrica i eclesiàstica, que és Ciutadella. Maó té uns 20.000 habitants, i Ciutadella uns 15.000, i com que la població total de l'illa no passa gaire dels 50.000 és evident que —si hi afegim Alaior, Sant Lluís, Es Mercadal, Ferreries, i Es Castell— no hi ha gaire gent que visqui al camp, que en bona part és treballat pels menorquins que viuen en nuclis urbans.

Pel fet que hi tenen la seu diversos organismes oficials d'àmbit insular, Maó exerceix des del llevant de l'illa una jurisdicció de capital sobre tot Menorca. Té el gran avantatge del seu port, que per la seva configuració natural és un dels més importants del Mediterrani. Maó es troba en una de les ribes de la llarga ria, damunt la qual es retalla el perfil de la ciutat antiga, una mica enlairada.

L'existència del port ha afavorit el desenvolupament comercial de Maó, i la proximitat de l'aeroport ha ajudat a concentrar en aquesta ciutat una activitat cada vegada més intensa. Darrerament comencen a desplegar-se al voltant de Maó diverses urbanitzacions. Té interessants testimonis històrics —antics palaus, esglésies, santuaris, casernes, el castell de la Mola— i cal destacar l'orgue, extraordinari, de Santa Maria, amb el qual es fan anualment diversos concerts. Les manifestacions culturals sovintegen —fins i tot òpera— i l'Ateneu té una sòlida tradició.

A l'altra punta de l'illa, Ciutadella també és a la riba d'un port natural, més petit que el de Maó, però molt pintoresc. La catedral de Ciutadella és el primer temple de Menorca, i seu del bisbat. La ciutat té nombrosos edificis de valor, especialment renaixentistes, i una gran caràcter en l'antic recinte medieval. No es pot pas deixar de fer una passejada pel carrer de Ses Voltes. El pes històric i cultural de Ciutadella en la vida de Menorca és considerable.

L'illa fou ocupada en diverses èpoques pels francesos i els anglesos, i molt decisivament en començar el s. XVIII.

Ciutadella, a ponent de l'illa, és una població amb molta història i, al mateix temps, amb una graciosa vivor.

Mercadal té a prop el cim i el monestir del Toro, però el paisatge és en general suaument ondulat, foto a dalt.

Al peu, una bella vista d'Alcaufar, que reflexa la pau d'aigües tranquiles i transparents.

A la dreta, una imatge de cala Forcat.

A la pàgina 130, al poble de Binibeca, i a la 131, la Taula de Talatí a la part superior, i cova d'en Xoroi, al peu.

1693

CRISTINA
MH-1-369

MISTERIS DE PEDRA

Menorca és un cas únic al món des del punt de vista arqueològic, gràcies a l'abundor i la importància dels seus monuments megalítics. Hi ha els talaiots, formats per grans pedres, en fileres, que arriben a tenir 30 o 40 metres; les taules, dues pedres enormes, la que fa de suport i la del damunt; les navetes, construïdes ciclòpeament...

Prop de Maó hi ha l'estació arqueològica del Trepucó, amb un gran talaiot, una taula i runes d'habitatges prehistòrics. Entre centenars de monuments d'aquesta mena, poden assenyalar-se les taules de Talatí i de Torrauba, la sala hipòstila de Torre d'en Gaumés, la Naveta dels Tudons, tocant a Ciutadella, que alguns qualifiquen de monument més antic de tot l'Estat...

La construcció d'aquestes taules devia ser molt feixuga, tenint en compte les dimensions i el pes dels grans blocs de pedra. Tots aquests vestigis evoquen la presència d'una civilització que floria a Menorca dos mil anys abans de Jesucrist.

EIVISSA I FORMENTERA

Eivissa i Formentera formen una unitat geogràfica i històrica prou diferenciada de Mallorca i Menorca, i no és estrany, doncs, que antigament fossin conegudes amb un nom propi: illes Pitiüses.

Les dimensions d'Eivissa —aproximadament 40 km per 15 km— fan que no presenti compartiments de tipus comarcal, i els diversos paisatges estan lligats, de fet, a un conjunt presidit per la ciutat d'Eivissa, la tradicional «Vila». La forma natural d'ordenació del territori és la parròquia, i així, llevat de la capital, els nuclis d'habitatge permanent es diuen Sant Antoni, Santa Eulària del Riu, Sant Carles, Sant Miquel, Sant Joan, Sant Josep, Sant Rafael... A Santa Eulària del Riu s'hi troba l'únic corrent regular d'aigua de les Balears.

La història d'Eivissa comença a documentar-se amb els cartaginesos, que l'ocupen l'any 654 abans de Crist; segurament van aprofitar la situació de l'illa per a instal·lar-hi una base comercial i marinera i van explotar les salines, que han estat sempre una estimable font de recursos econòmics.

La ciutat d'Eivissa té un port molt actiu, i la part antiga s'enfila en un turó, imatge característica quan s'arriba amb vaixell. Aquest sector anomenat Dalt Vila és un recinte amb molt de caràcter, tot i la diversitat dels seus elements. Hi donen accés les muralles, amb solemnes portals, i més amunt comencen a amuntegar-se les cases, que sovint combinen la cal de la façana, tan popular, amb una estructura o uns detalls senyorials. Al capdamunt hi ha la catedral, el castell i el Museu Arqueològic, molt interessant. Entre les muralles i el port hi ha La Penya, que és el vell barri mariner.

L'Eivissa cartaginesa és enterrada sota la ciutat actual, i de la seva importància n'és testimoni la necròpolis de Puig dels Molins.

Recórrer l'illa és una meravella, perquè es un espai petit s'hi troben indrets molt diversos i suggestius; es pot anar a Portinatx, a la costa del nord, a la Cala, a veure l'altíssim illot del Vedrà, a contemplar tota l'illa des de la Talaiassa, prop del poble de Sant Josep...

El turisme ha provocat un canvi radical a Eivissa. Ha passat d'una vida bàsicament agrícola i pescadora a una fase d'expansió molt ràpida. Els eivissencs ja no emigren com abans, sinó que reben immigrants, atrets per les noves necessitats de serveis i també industrials, perquè la construcció i les seves activitats complementàries han agafat una gran empenta. La ciutat d'Eivissa s'ha estès a través de nous barris turístics i residencials, i en d'altres indrets, especialment a Sant Antoni i a Santa Eulària els hotels s'han multiplicat.

Una gran part del turisme és jove —el moviment hippy s'enamorà d'Eivissa, i tot seguit de Formentera— i també cal comptar-hi la presència d'un món artístic i cultural, que d'altra banda sempre ha caracteritzat Eivissa, on sota la influència dels cartaginesos es produïen magnífiques terracotes.

Al peu de les muralles d'Eivissa les cases han cercat el pacífic veïnatge amb el mar.

FORMENTERA

Formentera pertany administrativament a Eivissa, de la qual la separen els Freus, de set quilòmetres. No arriba als 80 km quadrats, i la seva simplicitat és potser un dels seus atractius més profunds. Durant molts anys, el petit port de la Savina ha estat una modesta plataforma de contacte amb el món a través d'Eivissa, però aquests últims anys l'activitat ha augmentat extraordinàriament. Formentera ha compartit l'èxit turístic d'Eivissa, i l'han triat, a més, els qui han cregut que Eivissa ja era massa «cosmopolita».

El clima, les platges i la tranquil·litat, juntament amb la valoració de la independència com a reacció davant la societat actual, expliquen el moviment de curiositat que s'ha projectat sobre Formentera. El resultat és que ja hi ha una quarantena d'hotels i pensions, i que la tradicional vida dura dels formenterins ha estat sacsejada a fons.

El nom de Formentera prové de forment. De la manera més inesperada, els qui quedaven a l'illa s'han trobat amb una collita humana que no falla cap any.

L'Eivissa antiga, i sobretot Dalt Vila, és plena de carrers costeruts, que passen del silenci més pur al brogit de les hores turístiques.

Pàgina anterior: el paradís de l'aigua neta d'Eivissa.

A dalt, a l'esquerra, un arbre escultòric a Santa Eulàlia. A l'esquerra, a baix, una cala de Formentera i un detall de l'església de Sant Miquel d'Eivissa, a la dreta.

ART POPULAR D'EIVISSA

Destaca l'arquitectura de les cases rurals, de volums cúbics, als quals s'amplien segons les necessitats familiars o agrícoles. La Gran Enciclopèdia Catalana descriu que «formen conjunt amb les construccions accesòries (forns, pous, sínies, portals) i amb les parets de pedra de les tanques, camins, marjades i partions. També hi ha una influència de l'arquitectura eivissenca sobre les esglésies rurals. L'ús de la pedra i la calç, l'atenció al terreny i al clima, les formes rectangulars i l'austeritat funcional, que permet la llibertad dins la tradició, són característiques. L'arquitectura eivissenca ha influït sobre edificis nous dins i fora de l'illa».

L'artesania, el vestuari i les joies populars són de gran valor, i en el camp de la música sobresurt el ball pagès, amb «la curta» i «la llarga».

INDEX

M